U0837310

拒绝之书

周雅晴 编著

文化发展出版社
Cultural Development Press
·北京·

图书在版编目（CIP）数据

拒绝之书/周雅晴编著.—北京:文化发展出版社,2024.10
.—ISBN 978-7-5142-4416-8

Ⅰ.C912.6-0

中国国家版本馆CIP数据核字第2024UW1477号

拒绝之书

周雅晴 编著

出 版 人：宋　娜
责任编辑：周　蕾　　责任校对：侯　娜
责任印制：邓辉明　　排版设计：辰征·文化
出版发行：文化发展出版社（北京市翠微路2号　邮编：100036）
发行电话：010-88275993　010-88275710
网　　址：www.wenhuafazhan.com
经　　销：全国新华书店
印　　刷：唐山富达印务有限公司

开　　本：710mm×1000mm　1/16
字　　数：171千字
印　　张：13.75
版　　次：2024年10月第1版
印　　次：2024年10月第1次印刷

定　　价：48.00元
I S B N：978-7-5142-4416-8

◆ 如有印装质量问题，请与我社印制部联系。电话：010-88275720

目 录

序言

当我们谈到拒绝别人时，很多人会感到不适。我们常常担心拒绝会伤害别人的感情，或者担心被视为不友好或自私。然而，学会拒绝是一项重要的生活技能，它有助于我们保持自我界限，保持生活的平衡，并确保自身的需求得到尊重。当拒绝成为一种艺术，生活也因此变得更加自由。拒绝并非冷漠，而是对自己和他人负责的一种态度。在这个快节奏、充满各种压力和期待的社会里，学会拒绝是保护自己内心平衡的重要一环。

这本书并非要教导你成为一个冷漠无情的人，而是希望引导你找到拒绝的艺术，以一种温暖而坚定的方式表达自己的需求和界限。拒绝并非意味着与他人断绝联系，而是建立在真诚和尊重的基础上，让我们的关系更加健康和坦诚。

通过朋友关系、亲子关系、家庭关系和职场关系几个方面，本书将分享一些实用的技巧和策略，帮助您有效表达拒绝，同时保持与他人的良好关系。拒绝并不意味着冷漠或无情，而是一种对自己和他人负责任的态度。只有当我们学会拒绝时，才能真正过上自己想要的生活，保持内心的平衡和快乐。

每一次拒绝都是一次成长的机会，让我们更加清晰地认识自己、尊重自己的选择，并赋予自己更多的自主权。通过拒绝，我们学会放下那些不属于我们的负担，让生活更加轻松、自由，让心灵更加纯净、宽广。

不要总是事事讨好他人

讨好型人格是一种心理特征，通常表现为过度关注他人的需求和情感，以牺牲自己的需求和情感为代价。这种行为可能源于对他人认可和接受的强烈渴望，以及对冲突和拒绝的回避。讨好型人格可能会导致个人过度承担责任，感到焦虑和压力，因为他们不愿意让他人失望或生气。

如果你发现自己经常感到极度紧张，且几乎没有时间留给自己，可能是时候反思一下自己的行为模式是否健康了。在关系中保持平衡是非常重要的，包括关心他人的同时也要关心自己的需求和感受。学会设定边界、学会说“不”、学会自我关爱是重要的步骤，以建立更健康的人际关系和更健康的心理状态。

如果你觉得自己可能是一个讨好型人格，可以考虑寻求心理咨询师或心理医生的帮助，以探索这种行为背后的原因，并学会更健康地处理人际关系和情绪。建立自信、学会自我接纳是走出讨好型人格的重要一步。

拒绝是一种可以学会的技巧。如果你习惯于盲目答应他人，那么对你来说，说“不”可能是一个全新的领域。将拒绝视为一次冒险，最终你将获得美好的回报：体验更平静、更快乐的生活。

要掌握拒绝的艺术，你需要走出舒适区。学会说“不”不会改变你的个性，反而能够帮助你找回自我，摆脱耗尽精力的空虚感。随着时间的推移和练习，你会发现拒绝可以成为你应对请求的首选，而不是习惯性地答应他人。

在这本书中，你将找到拒绝的技巧和策略，了解如何在不伤害他人的前提下，保护自己的时间、精力和情绪。更重要的是，你将发现拒绝的力量，以及拒绝带来的自由和成长。让我们一起学会拒绝，过上更加真实、坦诚、自由的生活。

chapter 1

学会拒绝并不难

果断拒绝他人并不等同于你具有攻击性、令人讨厌、自私或控制欲过强。相反，这表明你知道如何设置自己的界限。反之，当你违背自己的意愿不情愿地答应他人时，你往往会感到被利用，随后陷入沮丧，感觉自己的付出得不到相应的回报，感到受限，或者觉得自己总是超负荷工作、负担过重，甚至感到身心俱疲。

通常，人们容易指责他人频繁提出要求。然而，你自己也有一定的责任，因为你对自己的期望过高，才会导致别人对你过于依赖，总会对你提出要求。我们现在需要培养自己可以选择的能力，不能一味地答应，应该在拒绝中找到平衡。这样可以有效防止自己因承担过多而感到不堪重负。拒绝是一种自我保护，而不是自私。

面对别人的请求，虽然你不可能，也不应该一概拒绝，但你可以寻求一种平衡。你并非一定要成为一个万众瞩目、备受尊敬的“雷锋”型人物，给自己的留些空间，多释放一些压力吧，拒绝不仅是你的权利，也是你的自由。利用拒绝的力量，过好自己的生活更重要。

拒绝别人可能是一个棘手的问题，但以下是一些关键点和步骤，可以帮助你更好地处理这种情况。

明确表达：坦率地表达你的立场是很重要的。避免模棱两可或含糊其词，让对方清楚地理解你的立场。

给出理由：提供合理的解释或理由，说明为什么你不同意或无法接受对方的请求。这可以帮助对方更好地理解你的立场。

保持尊重：在拒绝他人时，保持礼貌和尊重是至关重要的。尽量避免伤害对方的感情，同时表达自己的立场。

提供替代方案：如果可能的话，提供一些替代方案或建议，以显示你愿意帮助或支持对方，尽管你无法完全满足他们的要求。

倾听：在表达拒绝意见时，要倾听对方的想法和感受。尊重对方的立场，让他们感受到你的关注和理解。

维持积极关系：即使你不得不拒绝对方，也要努力维持积极的关系。表明你的拒绝并不影响你和对方之间的关系，你仍然愿意与他们保持联系。

学会说“不”：学会拒绝是人际交往中重要的技能。不要总是为了讨好他人而妥协自己的立场，要学会适当地说“不”。

记住，拒绝他人并不意味着你不关心或不在乎他们，而是因为你有自己的原因和底线。在处理这类情况时，坦诚、尊重和理解是非常重要的。

用自己的方式处理问题

避免通过谎言或糟糕的借口来掩饰内心真实的拒绝意愿，这种做法只会适得其反。编造谎言或借口会带来内疚感，而内疚感是应尽量避免的。当我们需要拒绝别人时，通常希望表达出礼貌和尊重。以下是一些可以用来拒绝别人请求或提议时常用的回答。

"非常抱歉，我现在有点忙，无法帮忙。"

"我真的很感激你考虑我，但我现在无法接受这个提议。"

"这听起来是个很棒的机会，但我目前的时间已经安排满了。"

"我很抱歉，我不认为这适合我，但感谢你考虑我。"

"我很感谢你的邀请，但我必须谢绝。"

"我希望我能帮忙，但目前情况不允许。"

"我需要更多时间考虑这个提议，但现在不方便。"

以上回答都可以帮助你礼貌地拒绝别人的请求或提议，同时保持友好和尊重。拒绝并不可怕，掌握好说话的分寸，能在跟对方保持好关系的前提下，让自己过得轻松一些。

场景分析：在高铁上，你特意预定了靠近窗户的座位。一位年轻人想要和你更换位置，只是为了和朋友坐在一起方便聊天。如果是父母为了方便照看他们的孩子，或者是年轻人为了照顾旁边的老人，你可能会认真考虑换座位。然而向你提出请求的年轻人，看上去并没有什么非要和他朋友坐在一起的必要。

提　　示：熟人常常会请求换座位以便坐在一起，但并非因为认识的人就有特殊待遇。自己精心挑选的位置，你无须为了一次旅途上的相遇而感到不自在。

当面对在高铁上想要跟你更换座位，但你觉得没有必要的时候，可以尝试以下对话来拒绝。

年轻人：你好，不知道你是否愿意和我换个座位。我和朋友坐在一起比较方便聊天。

你：你好，抱歉，我特意预定了靠近窗户的座位，因为我想在旅途中欣赏窗外的风景和享受一点安静的时间。希望你能理解。

年轻人：我们很快就会下车了，到时候你再坐回来就行，麻烦您帮个忙换一下吧。

你：实在不好意思，我不愿意在一个短途的旅行中频繁更换位置。既然你们很快就会下车，那大家都趁这个时间休息一下，下车后会有更好的精力去游玩。

年轻人：哦，那我看看还有没有其他人愿意换座位吧。

你：谢谢你的理解。如果需要帮忙找其他座位，你可以询问一下列车工作人员。

年轻人：好的。

通过这种对话，你可以直接表明自己的立场，同时让对方明白你不愿意换座位的原因，并给对方提供寻找其他解决办法的方案。

在这种情况下，你可以采取以下建议来拒绝别人要求更换座位的请求。

坚持自己的需求：礼貌地表达你预定了特定的座位，并说明原因，如想靠窗欣赏风景或享受安静的时光。

表达理解：表示理解年轻人想要和朋友在一起聊天的愿望，但同时强调你的个人需求和偏好。

提供帮助：可以主动提出帮助寻找其他乘客愿意换座位，或者建议询问列车工作人员是否有其他空座位可供调换。

保持礼貌：无论如何，保持礼貌和友善的态度是非常重要的，避免产生不必要的冲突或误会。

给予祝福：最后，可以表达祝愿对方和朋友度过愉快的旅程，展现出善意和友好。

通过以上建议，你可以在拒绝座位更换请求的同时，保持礼貌和善意，避免尴尬或不愉快的交流。

场景分析：“若您想要快速出售您的房子，就需降低售价。”你研究了当前市场情况，深刻了解同一区域类似房子的市场价格。考虑到房龄、房屋状况和地理位置，您设定的售价是合理的，但房产中介已不愿再耐心等待。对其而言，房屋售出速度不够快，在于你的售价不够低，他现在急于获得佣金。

提　　示：当你的目标明确时，务必坚守立场。若情况有变，急需资金，你可在需要时降低售价，而非等到中介认为合适的时机。

面对中介不停地对自己“洗脑”要求降低房屋售价的要求，要时刻保持清醒和坚持自己的立场，可以尝试以下对话来拒绝。

你：你好，我知道你们一直在努力为我的房子寻找买家，但我对市场上同类型房子的价格进行了了解，我所定的售价是合理的。

中介：但是目前市场比较低迷，买家都在寻求低价的房屋，我们建议您降低价格以吸引更多买家。

你：我理解市场可能存在波动，但我仍然坚持我的定价是合理的。你们应该从更多的角度去考虑每一个房子的差异性。

中介：如果您不降价，可能会延长房屋在市场上的停留时间，您考虑一下吧。

你：如果有其他推广策略或建议，我很乐意听，但是价格方面我希望保持现状。也希望你们在推荐我的房子时，能如实、详细地向客户介绍它的优势。

中介：好的，我会将您的意见反馈给团队。如果有任何新的情况或者买家的消息，我会及时通知您。

通过以上对话，直接告诉对方自己的决定，并且友好地提醒对方在卖房这件事中，他应该关注的重点是突出房屋的优缺点，而不是一味地压价。

在这种情况下，你可以采取以下建议来跟中介沟通。

坚定表达立场：在与中介沟通时，坚定地表达自己对房产定价的信心，说明自己的理由和调查依据，让中介了解你的决心。

理性讨论：保持冷静和理性，避免情绪化的回应，以合理的论据和事实支持自己的立场。

尊重对方：在表达拒绝的同时，保持礼貌和尊重，避免产生不必要的紧张氛围，建立合作的基础。

开放沟通：表明愿意听取中介的其他建议或推广策略，展现合作的态度，但同时坚持自己的最终决定。

合作精神：强调双方的合作意愿，希望共同努力为成功的交易而努力，保持良好的合作关系。

通过以上建议，你可以在与中介的沟通中保持理性，坚持自己立场的同时尊重对方的意见，以期达成双方都满意的结果。

场景分析：为了放松一下，你为全家制订了一个出游计划。考虑到有老人、有孩子，你花了大量的时间来安排住宿和整个行程，但即使这样也无法满足每个人的需求，让大家都满意。

提　　示：面对众口难调的一大家人，你必须坚持自己的立场和决定，否则这一趟出行将会“泡汤”。

面对需求各异的一大家子，既要考虑孩子，又要照顾老人，面对这种情况时，可以尝试以下对话来表达自己的立场和安排。

你：我为我们全家设计了一个出游计划，已经充分考虑了每个人的需求和喜好，但可能无法完全满足每个人的期望。我们需要做一些取舍。

孩子：我想去迪士尼玩，我想见米妮和米奇，还想见奇奇和蒂蒂，那里一定很好玩！我还想在里面住一天呢，晚上有很好看的烟花。

老人：那你们带孩子去迪士尼的时候，我们就找个地方休息吧，毕竟年纪大了，不太能承受那些刺激的项目和太过繁忙的行程。或者我们自己去古镇逛逛，但是我们不会用软件叫车，坐公共交通又怕找不到路。

你：我明白大家的想法。我想我们可以做一个折中的安排，带孩子去迪士尼那天，我会帮爸妈约好一天的车，准时在约定地点接送你们。但是我们不能在迪士尼里面住一晚，因为还要照顾奶奶爷爷的行程。

孩子：好吧，我希望一天能玩到所有项目，晚上和奶奶爷爷一起在酒店吃晚饭，我期待去迪士尼！

老人：谢谢你，帮我们约好车你们就放心玩儿去吧，这样对我们来说更舒适。

你：好的，我会重新调整行程，确保每个人都能有愉快的假期，既能体验乐趣，又能享受休息的时光。

通过这样的对话，你可以在尊重每个家庭成员需求的同时，做出一个折中的决定，让大家都能在旅行中找到自己喜欢的活动，尽力满足大家各自的需求。

在这种情况下，你可以采取以下建议来跟家人沟通。

沟通透明：在与家人沟通时，要确保信息传达清晰，让每个人都了解你的考虑和决定背后的理由。

妥协与折中：在处理家庭成员的不同需求时，要学会妥协和寻找折中方案，让每个人都感受到被尊重和关心。

灵活调整：根据家庭成员的反馈和需求，灵活调整行程，以确保每个人都能在旅行中得到满足和享受。

尊重和理解：在沟通中保持尊重和理解，倾听家庭成员的意见和感受，共同找到最适合所有人的解决方案。

家庭团结：强调家庭团结和合作精神，让每个人都参与到决策过程中，共同创造美好的旅行回忆。

通过以上建议，你可以更好地处理家庭成员之间的不同需求和意见，促进家庭成员之间的理解、尊重和合作，共同度过愉快的旅行时光。

“等一等”也许就解决了

在面对一些需要你做出明确答复的请求时，务必在明确接受或拒绝之前慎重考虑。这种情况被称为“灰色地带”。切勿轻率对待这些请求，在面对此类情况时，最好采取迂回曲折的态度，不要立刻表态。最佳做法是先消化对方的请求内容，思考做出决定可能带来的后果。在弄清这些问题之前，延迟策略是非常有用的。

通过延迟策略，当避免直接拒绝时，你的“拒绝”会更容易被接受，同时也让你觉得拒绝为他人提供帮助是你的正当权益。给予自己一些时间，你可能会发现自己并不想介入其中，或者发现对他人的请求并不是你所关心的事；或者，无论从哪个角度看，你都不想帮助或回复这些人——一开始想到他们时，你并没有想要帮助他们；最后，花一些时间思考他们的请求，会让对方意识到你对此持保留态度，这一点本身就可能避免他们再次打扰你。通过巧妙的回应和不明言立场，向提出请求的人传达一个明确的信号——“我并不想协助你”。

场景分析：在休息时间，但是你的一个“压力山大”的同事需要你帮他分担一些工作。你很想帮忙，但是不想在休息的时候继续工作。

提　　示：当他人需要你的紧急帮助时，采取拖延策略常常是有效的。你并非必须迎合他人的时间表。

当你需要委婉地拒绝同事在休息时间来找你帮忙的请求时，可以尝试以下对话。

同事：嘿，你能帮我看一下这份文件吗？我需要你的帮助才能完成这项任务。

你：谢谢你信任我的能力，我很感激。不过，我最近发现休息时间对我来说非常重要，我想用来恢复精力和放松自己。

同事：哦，但这份文件真的很紧急，我需要你的帮助才能完成，就麻烦你这一次，拜托了。

你：我理解这项任务的紧急性，但我希望你能理解我也需要休息时间来保持工作效率和生活平衡。也许我们可以在工作时间内找一个合适的时间讨论这份文件，我会尽力帮助你的。

同事：好的，我明白了。我自己先试着解决问题，然后我们可以在工作时间内商讨。

你：谢谢你的理解，我希望我们能在工作中更好地合作。如果有其他问题，也请随时告诉我。

在这个对话中，你委婉地表达了对休息时间的重视，并提出了在工作时间内合作解决问题的建议。这种方式可以保持工作关系的和谐，同时保证自己的休息时间和工作效率。

在这种情况下，委婉地拒绝同事并保持良好的工作关系是非常重要的。以下是一些建议。

明确表达自己的需求和限制：在一个适当的时机，坦率地表达你的想法。你可以说："我理解你的困难，但我也需要休息时间来恢复精力。我建议我们找其他解决方案，让你能更好地完成自己的工作。"

提供其他帮助的方式：你可以给他提供一些培训或资源，帮助他提升自己的能力，这样他就能更好地完成工作而不依赖于你。

设定明确的界限：明确告诉他你的工作时间和休息时间，以及何时是可以接受帮助的时候。这样可以帮助他了解你的工作和休息的界限。

鼓励他寻求其他资源：帮助他明白他也可以寻求其他同事或资源的帮助，而不仅仅依赖于你。

强调团队合作：强调团队合作的重要性，让他明白每个人都有自己的职责和任务，需要共同努力来完成工作。

坚定地拒绝：如果以上方法都无效，你可能需要更坚定地拒绝他的请求。你可以委婉地说："我理解你的困难，但我需要自己的休息时间。希望你能理解。"

寻求领导或HR的帮助：如果他人寻求帮助的情况严重影响到你的工作和生活质量，可以考虑向上级领导或人力资源部门寻求帮助，寻求更好的解决方案。

重要的是要保持坚定和尊重，同时也要保持良好的沟通，以确保工作关系不受影响。

场景分析：一个偶然结识的朋友近来一直在跟你约饭局。然而，你对这个饭局并不感兴趣，但是他坚持约你，还给你一个时间段，挑哪天约都可以。如果你违心地答应邀约，那估计你也会花好多时间想办法爽约。

提　　示：对这份友谊的认知将决定你的回复。若你对这人并不在意，应提醒自己生活中还有许多真正的好朋友未曾约见。若你一再推脱，他终将领悟他并非你关注的焦点，也会自觉不再邀约你。

当你需要委婉地拒绝跟不太熟悉的朋友一起外出吃饭时，可以尝试以下对话。

朋友：嗨，最近好久没见了，要不要一起出去吃个饭？

你：嗨，谢谢你的邀请，我真的很感激。不过，最近我的时间有点紧张，可能不太方便外出。

朋友：哦，没关系，我完全理解。那你看下周一到周五呢，随便哪天都可以啊。

你：我很乐意和你见面，只是现在有些忙碌，我只能等自己闲下来有空外出的时候再跟你联系。

朋友：没问题，我完全明白。如果你有空的时候，随时告诉我，我们再计划一次。

你：好的，谢谢你的理解。希望我们很快能见面，再次感谢你的邀请。

在这个对话中，你礼貌地拒绝了朋友的邀请，同时表达了对他的感激和愿意再次安排见面的意愿。

在这种情况下，委婉地拒绝那位朋友是非常重要的，同时也要保持良好的人际关系。以下是一些建议。

明确表达自己的感受：在一个适当的时机，坦率地表达你的感受。你可以说："我觉得我们在一段时间没有联系后突然约出去吃饭有点突然，我希望我们可以先重新建立一下联系。"

提出其他建议：你可以提出其他方式来重新建立联系，比如一起去喝咖啡、散步或者参加一些活动。这样可以让你们在不那么正式的环境下重新熟悉彼此。

表达自己的需求：告诉她你的时间安排比较紧张，可能无法每次都接受她的邀请，但你愿意尝试找到一个适合双方的时间。

强调重视友谊：强调你重视这段友谊，但需要时间来重新建立联系，让她明白你并不是完全拒绝她，而是需要一些时间。

坚定地拒绝：如果她持续邀请而你并不想接受，你可以坚定地拒绝，但要用一种委婉的方式。你可以说："我很感谢你的邀请，但最近我确实有一些安排，可能无法接受，希望你能理解。"

保持礼貌和尊重：无论如何，都要保持礼貌和尊重。即使你拒绝了她的邀请，也要表现出你对她的尊重和友好。

寻求共同理解：试着与她沟通，看看能否达成共同的理解和协议，让双方都感到舒适和尊重。

重要的是要坦诚、真诚地表达自己的想法，同时也要尊重对方的感受，以维持良好的友谊。

场景分析：当朋友邀请你参加他的婚礼，并且需要你担任伴娘或者伴郎时，不要立即接受邀请，向自己问一些重要的问题：你与新娘或新郎的亲密程度如何？你是否有足够的经济能力参加一场婚礼？

提　　示：拒绝担任伴娘/伴郎并不意味着结束友谊，只是表示可能无法参加他们的婚礼。如果事先答应担任伴娘/伴郎，但后来无法出席，可能会伤害感情。在做出承诺之前，花些时间仔细考虑，这样你就能更好地评估情况，更合适地拒绝请求。

当你需要委婉地拒绝参加关系一般的朋友婚礼时，可以尝试以下对话模拟。

朋友：嗨，我邀请你参加我的婚礼，希望你能来。

你：先恭喜你啊，并且谢谢你的邀请，我真的很感激。不过，我需要坦诚地告诉你，由于最近工作压力比较大，我可能无法抽出时间长途跋涉去参加婚礼，希望你能理解。

朋友：哦，我完全理解。我知道你的工作很忙碌，我也不想给你增加压力。谢谢你的祝福。

你：谢谢你的理解。我会想办法以其他方式祝福你，会给你一个小小的惊喜，表达对你的祝福，再次感谢你邀请我，希望你的婚礼一切顺利。

朋友：谢谢你的祝福，我真的很感激。希望我们能有机会再次见面。

你：是的，希望很快能见面。祝你和你的伴侣幸福美满，再次恭喜你！

在这个对话中，你表达了对朋友的感激和理解，坦诚地说明了自己的情况，并提供了其他方式来祝福她。这样的委婉拒绝方式可以保持良好的关系，同时表达出你的诚意和祝福。

对于这种情况，你可以委婉地表达你的理解和无法参加的原因。以下是一些建议。

感谢邀请：首先，要表达对她邀请你参加婚礼的感谢之情。你可以说："非常感谢你邀请我参加你的婚礼，我真的很感激。"

说明原因：诚实地说明你的情况，比如工作压力很大，需要集中精力应对工作。你可以说："由于目前工作压力比较大，我可能无法抽出时间长途跋涉去参加婚礼，希望你能理解。"

提供其他方式参与：如果可能，你可以提出其他方式来祝福她，比如视频通话、寄送祝福卡片或礼物等，这样可以表达你的祝福而无须亲自出席。

说明关系一般：如果你们的关系并不是非常亲近，也可以委婉地说明这一点。你可以说："由于我们并不在同一个城市，我们的联系并不是很频繁，我希望你能理解我不能亲自前往。"

表达歉意：在拒绝的同时，也要表达歉意和理解。你可以说："我很抱歉无法参加你的婚礼，希望你能理解我的处境。"

保持礼貌和尊重：无论如何，都要保持礼貌和尊重。即使你拒绝了她的邀请，也要表现出你对她的尊重和祝福。

重要的是要坦诚、真诚地表达自己的想法，同时也要尊重对方的感受，以维持良好的关系。

果断拒绝没有什么不可以

现在你知道如何使用推迟回复的方法，但在很多情况下，直接明确地说“不”可能是最强有力、简单有效的回应。简单明了的拒绝有助于建立更公平的关系，同时确保你的时间和精力不被过度消耗。

有时候你可能感觉自己被迫接受某些事情，好像没有选择权。但请记住：选择权永远掌握在你手中。你的朋友、邻居、亲戚或销售人员可能没有意识到，当你拒绝时，是因为他们只关注自己的需求，而忽视了他们的请求给你带来的压力。

以下情况可以帮助你区分真正需要帮助的情况和表面上的需求。你将学会如何在不过度介入的情况下提供帮助。为了避免突然从“好的，没问题”的态度转变为坚决拒绝的尴尬，让提出请求的人知道你爱他们、尊重他们，如果适用的话，表达你对彼此友谊的珍视。

场景分析：你的朋友可能急需使用车辆，但借走你的车可能会给你带来诸多不便。借出代步工具并非只是帮忙那么简单。如果朋友使用后车辆损坏，需要维修怎么办？如没有车，你需要去某处怎么办？如果朋友频繁提出此类请求，在决定是否借出前，请你慎重考虑以下问题：还车时是否会加满油？还车时车辆是否和借出时一样干净？是否会妥善爱护你的车辆？

提　　示：借车与借钱类似，如莎士比亚所言，“无论是借贷者还是借出者，都可能人财两空。”

当你已经多次委婉拒绝朋友借车的请求，但他仍然频繁找你借车时，你可以直接坦诚地表达你的立场。可以尝试以下对话。

你：感谢你在需要帮助的时候能想到我，但我必须坦诚地告诉你，借车这件事是我的底线，容易产生各种各样的纠纷，这对我们之间的关系也是非常不利的，我并不想因为借车这件事给朋友之间友好的关系埋下隐患。

朋友：哦，我明白了，但我真的需要一辆车来解决一些事情，我开车也会非常小心的。

你：我理解你的需求，但我希望你能尊重我的决定，或者你可以考虑一下其他借车的途径，现在有很多便宜又有保障的借车平台，只要购买好保险，就不会有其他的纠纷产生，这是一个比较好的解决办法。我希望我们的友谊不会因为这件事受到影响。

朋友：好吧，我去找一下其他的解决方案。谢谢你坦诚地告诉我。

你：如果有其他方面我可以帮助你的，可以随时告诉我。

通过这种直接而坦诚的方式，你清晰地表达了自己的立场，同时也尊重了朋友的需求。这种沟通方式可以帮助维持友谊，并避免进一步的误会和困扰。

当你再次面临类似情况，别人再次向你借车时，以下是一些建议。

明确表达立场：再次强调你对借车请求的立场，坦诚地表达你的想法和担忧。

提供替代方案：如果可能的话，可以提供一些替代方案，如推荐租车服务、共享汽车服务或其他交通工具。

设定界限：明确告诉对方你的车辆使用规则和限制，强调你的车辆可能无法随意借出。

寻求理解：尝试让对方理解你的立场，说明借车对你来说可能会带来的困扰或风险。

保持礼貌：无论如何，保持礼貌和尊重是非常重要的，即使拒绝对方的请求，也要以友好的态度来沟通。

建立边界：如果这种请求变得频繁，可能需要考虑设立明确的边界，让对方知道何时可以向你借车，何时不行。

寻求支持：如果情况变得棘手，不要犹豫寻求其他朋友或家人的支持和建议，看看他们是如何处理类似情况的。

记住，坚持自己的立场是重要的，同时也要尽量以友好和理解的方式与他人沟通，以保持良好的人际关系。

场景分析：同事请求你帮他看看他的会议发言稿，你清楚在帮助他整理发言稿之前，需要了解项目、活动或事件的背景，他的发言重点以及受众信息，这需要花费一定时间。

提　　示：除非有强烈的理由，否则不要轻易答应那些需要花费大量时间和精力的事情。

当面对同事请求你帮忙修改发言稿时，可以尝试以下对话来拒绝。

同事：亲爱的，你能帮我快速看一下这份发言稿吗？会议马上就要开始了。

你：我很理解你的紧迫情况。但是抱歉，由于我对这个项目的细节了解有限，我可能无法提供有效的建议。

同事：哦，那么你觉得应该怎么办呢？

你：我建议你先自己再过一遍，确保没有明显错误。或者，你可以请教其他同事，他们可能会更了解这个项目，能够给出更有帮助的建议。

同事：好的，我明白了。

你：不客气，希望会议顺利进行！如果有其他方面需要帮助，随时告诉我。

通过这种对话模拟，你可以直接表明自己的立场，同时给出建议，让同事明白你无法提供帮助的原因，并帮助他寻找其他解决方案。这种方式能够保持良好的沟通和合作关系。

面对这样的情况，你可以用以下方式直接拒绝同事的请求。

明确表达立场：直接告诉同事你的情况，并说明你并不清楚项目的细节，因此无法提供有效的修改意见。

提供建议：建议同事寻求其他同事或专业人士的帮助，可能有人更了解这些项目，能够提供更有针对性的建议。

时间限制：如果时间允许，可以建议同事提前准备并提出修改请求，这样你可以有更充分的时间来帮助他。

建议自我检查：鼓励同事自己检查发言稿，提醒他审查一遍并确保没有错误或不清楚的地方。

保持礼貌：无论如何，保持礼貌和尊重是非常重要的，即使拒绝对方的请求，也要以友好的态度来沟通。

一个直接的拒绝可能是：

你：抱歉，我很感谢你向我寻求修改发言稿的帮助，但我必须坦诚地告诉你，由于我对项目情况并不清楚，我可能无法提供有效的建议。我建议你寻求其他同事或专业人士的帮助，他们可能会更了解这些项目。

通过这种方式，你可以直接表达自己的困难，并为同事提供一些替代方案，以帮助他找到更合适的解决方案。

场景分析：朋友要出门，想要你帮忙照看他的宠物狗，虽然你喜欢狗，但对于这只狗你有些忧虑。它个头大，有些强壮，容易与其他狗发生冲突。你不确定自己是否能控制住它，担心可能会出现各种问题，让你感到很烦恼。

提　　示：无论情况如何，坦诚表达自己的担忧并以此为理由拒绝他人是可以理解的。

面对朋友想要把宠物寄养在你家的请求，以下是一段模拟对话。

朋友：嘿，我要出差一周，家里有只大狗没人照顾，能帮我照看一周吗?

你：谢谢你信任我。不过，我家已经有一只小狗了，它比较胆小而且敏感，我很担心家里来另一只狗可能会导致一些问题，我也不想我的小狗受到委屈。

朋友：哦，我完全理解。可是我家狗虽然个头大，但是大多时候还是很听话的。

你：我还是建议你考虑寻找专业的宠物照顾服务，现在有很多可以寄养宠物的地方，他们照顾得也会比我专业。

朋友：好的，我去找找看。

你：不客气，希望你出差顺利。如果有其他方面需要帮助，记得告诉我。

通过这段对话，你直接表达了自己的顾虑，并给出了建议，同时保持了友好的沟通氛围。这样的沟通方式可以帮助维持良好的关系，并解决问题。

面对朋友的请求，你可以使用以下方式来委婉地拒绝。

坦诚说明情况：直接告诉朋友你家里已经有一只小狗，并且这只小狗比较敏感，因此担心家里来了另一只狗可能会引发问题。

感谢并解释：表达对朋友信任的感激，但解释清楚你家里现有狗狗的情况，以及你担心可能会出现的相处问题。

提供其他建议：建议朋友寻找其他照顾狗狗的方式，比如寻找专业的宠物照看服务或者邻居朋友的帮助。

保持友好：无论如何，都要保持友好和尊重，让朋友明白你的立场，并且感受到你的理解和关心。

一个委婉的拒绝方式可能是：

你：谢谢你对我的信任，我真的很感激。但我家里已经有一只小狗了，它比较敏感，我担心突然来另一只狗可能会导致两只狗之间的问题。我建议你寻找其他照顾狗狗的方式，或者考虑专业的宠物寄养或者照看服务。希望你能理解。

通过这种方式，你可以直接表达自己的顾虑，同时给出建议，让朋友明白你的立场，并且感受到你的理解和关心。这样的沟通方式可以保持友好的关系，同时解决问题。

chapter 2

拒绝无效社交

真正的朋友是在你需要支持、理解和陪伴时始终站在你身边的人。他们会真诚地关心你的幸福和成功，愿意分享你的喜悦和忧虑。真正的朋友会在你犯错时指出你的错误，帮助你成长，而不是在你困难时离你而去。你们之间的关系建立在互相尊重、信任和诚实之上，不受利益和利己主义的影响。真正的朋友是那些能够在你最需要时伸出援手，无私地支持你，并在你成功时为你感到骄傲的人。

在朋友之间相互扶持的关系中，确实重要的是互相支持和理解，但同时也需要保持适当的界限和自我保护。无条件满足朋友的所有要求可能会导致不健康的关系，甚至对自己造成伤害。

坦诚沟通：与朋友坦诚地沟通你的感受和想法，说明你的立场和界限。表达出你愿意支持他们，但也需要考虑到自己的需求和限制。

提供帮助的方式：可以提供其他形式的帮助或支持，而不是完全满足他们的要求。例如，给予建议、提供资源或者共同探讨解决问题的方法。

设定界限：明确自己的底线和能力范围，不要为了满足他人而牺牲自己的需求和利益。学会拒绝一些对自己不利的要求是很重要的。

保持平衡：在友谊中保持平衡是关键，不要让自己成为对方的依赖或者操纵对象。确保关系是相互尊重和互惠的。

自我关怀：照顾好自己的身心健康，不要因为帮助他人而忽略了自己的需求。只有在保持自己良好状态的情况下，才能更好地帮助他人。

友谊是建立在相互尊重和支持的基础上，保持良好的沟通和互助关系是维系友谊的关键。

朋友间的明确界限

并非所有人都会成为你的终生挚友，也不是所有人都值得你全心投入。拒绝某些人并不会使你成为“恶霸”，也不会让你变得冷漠。你仍会乐于助人，只是在选择帮助对象和方式时会更加审慎。

当你开始考虑如何对自己更好，而不再过多担心他人看法时，拒绝朋友的请求会变得更加简单。人们的记忆力比你想象的要差，你可能因未能帮助别人而自责，但别人或许早已忘记。是时候减轻你的压力了。

场景分析：朋友看上了一个很棒的公寓，在办理贷款时，需要你帮他做贷款担保人。朋友向你借钱时，友谊可能会受到影响——更不用说共同签署贷款合同，这可能会影响你的信用等级。一旦朋友无法偿还借款，所有债务可能都会落到你头上。

提　　示：这不是一笔朋友轻易能偿还的借款。情况可能会变得更糟，你可能会陷入财务危机的噩梦中，届时只能责怪自己当初的冲动决定。

当你拒绝朋友请求成为贷款担保人时，可以委婉地表达你的拒绝，并解释你的立场。可以尝试以下对话。

朋友：亲爱的，我最近想申请一个贷款，不知道你能不能帮我做个担保人？

你：我明白你现在的情况，但我觉得作为担保人可能会对我自己的财务状况造成一些风险。我希望你能理解我的立场。

朋友：我完全理解，但我会按时还款的，这笔贷款对我很重要。

你：我知道你是个负责任的人，但财务方面总会有一些意外情况发生，谁也不希望在这种事上让两人之间的关系破裂。我希望你能找到其他途径来解决贷款问题，我会尽力在其他方面支持你的。

朋友：好的，我明白了。

你：我希望你能理解我的顾虑。如果有其他方面需要帮助的，记得告诉我。

朋友：当然，谢谢你如实相告。

通过这样的对话，你可以委婉地表达拒绝成为担保人的原因，并保持了友好的沟通氛围。

当你想拒绝朋友的请求成为他的贷款担保人时，可以尝试以下建议。

诚实沟通：坦诚地表达你的担忧和顾虑，说明为什么你不愿意担任担保人的角色。避免使用虚假借口，以免日后引起误会。

保持友好：在拒绝时保持友好和尊重，强调你们的关系不仅仅是基于金钱。表明你仍然支持他，只是在这个特定问题上有所保留。

提供其他支持：除了担保贷款，看看是否有其他方面可以帮助朋友。你可以提供建议、资源或其他形式的支持来帮助他们解决问题。

建议寻找其他选择：鼓励朋友寻找其他可能解决的方案，如寻找其他担保人或探索不需要担保的贷款选择。

保持坚定：一旦做出决定，保持坚定。避免被朋友的哀求或压力所影响，坚持自己的选择。

避免过度辩解：虽然你可以解释你的拒绝原因，但避免过度辩解或为自己的选择辩护。简洁明了地表达你的立场即可。

倡导财务责任：如果适用，可以倡导朋友更注重财务规划和负责任的借贷行为，以帮助他们更好地管理财务状况。

通过以上建议，你可以更好地处理拒绝成为贷款担保人的请求，同时维护好与朋友的关系。

场景分析： 一旦朋友了解你的性格，她就会一次又一次地给你制造麻烦。她认为在搭你的顺风车时，可以顺便停一下去鞋店、杂货店或另一位朋友家，无论去哪里，她都是上车后才说，上车后才问你是否有时间或介意。如果不表态，你知道自己会一路生闷气。

提　　示： 注意“顺便做某事”的把戏，如果你不喜欢这样的事情，就不要允许发生。你不是你朋友的“专车”司机。

当你想拒绝朋友总是见面后加入一些临时计划，把你当专车司机的请求时，可以尝试以下对话。

朋友： 嘿，谢谢你上次带我去购物！你能再帮我送一下东西去市中心吗？我突然有个临时计划。

你： 哦，这次没问题，但我希望我们之间的关系不只是专车司机。我也有自己的事情要处理，下次如果需要帮忙，能提前告诉我吗？如果没有提前跟我沟通的话，我就没有办法再顺路带你过去了。

朋友： 抱歉，我没有考虑到这一点。我会尽量提前跟你沟通。

你： 谢谢理解。我乐意帮助你，但希望我们可以互相尊重彼此的时间和计划。

朋友： 我明白了，我会注意的。

你： 一段好的友谊是相互尊重和理解的。如果有什么重要的事情需要我帮忙，记得提前告诉我哦。

通过这样的对话，你可以坦诚地表达你的想法，强调友谊中的平等和相互尊重，帮助朋友意识到你的立场并改善沟通方式。

当你想拒绝朋友总是见面后加入临时计划把你当成专车司机时，可以尝试以下建议。

明确表达你的感受和需求：坦诚地告诉朋友你对于被当成专车司机的感受，强调你也有自己的时间和计划需要安排。

强调友谊和互相尊重：在表达拒绝的同时，强调你对于友谊的重视，以及互相尊重彼此时间和需求的重要性。

建议提前安排计划：提醒朋友在需要帮助时提前通知你，这样你可以更好地安排时间并考虑是否能够帮忙。

设定个人边界：明确告诉朋友你的个人边界和限制，让他们了解你的立场，并避免将你视为专车司机。

寻找妥协和解决方案：如果你确实愿意帮助朋友，但不希望被当成专车司机，可以寻找其他方式来帮助，或者商讨一些妥协方案。

保持开放的沟通渠道：重要的是保持开放的沟通渠道，让朋友知道他们可以与你坦诚交流，并相互理解对方的立场。

通过以上建议，你可以更好地表达自己的需求，维护个人边界，同时保持友好的关系和良好的沟通。

场景分析：对时常来借住的朋友，已经让你感觉自己开了一家小旅馆，每个来你所在城市的人都想来住一段时间。你乐意招待客人，但有些人长期频繁拜访已经消磨了你的热情。

提　　示：不要因为拒绝一个频繁拜访且占小便宜的人而感到内疚。她很可能会寻找其他地方，而不会因为不能在你那里住而感到遗憾。当一个人在你那里不再受欢迎时，你有权将其从你的朋友圈中移除。

当你需要拒绝朋友总是来借住并且倾诉苦水时，可以尝试以下对话。

朋友：亲爱的，我最近又遇到了麻烦事，可以去你那里借住几天吗？我真的需要一个朋友在身边。

你：我很抱歉听到你遇到了困难。但最近我自己也焦头烂额，有些事情需要处理，可能无法接待客人。

朋友：刚好咱俩可以说说话，互相安慰一下啊，我知道这对你来说不容易，但我真的需要帮助和支持。

你：我理解你的处境，但我也希望你能理解我的情况。这种时候我还是喜欢独处，自己消化掉不好的情绪再来接待朋友。我希望下次你能提前告诉我你的计划，这样我可以更好地安排自己的时间。

朋友：我明白了，下次我会尽量提前告诉你。对不起这次给你添麻烦了。

你：没关系，如果你需要倾诉或者帮助，我会尽我所能在其他方式上支持你，但是这次我也需要自己安静一下。我们可以找个时间坐下来聊聊，你想分享的我都会倾听。

通过这样的对话，你可以委婉地拒绝朋友的借住请求，同时表达对他困境的理解和支持。重点在于保持友好的沟通氛围，让对方感受到你的关心和支持，同时坚持个人需求和边界。

当你需要拒绝总是来借住还大倒苦水的朋友时，可以尝试以下建议。

坦诚沟通：采取坦诚直接的态度，告诉朋友你的感受和需求。表达自己的立场，但要尽量避免伤害对方的感情。

设立明确界限：明确告诉朋友你的个人空间和时间安排，让他们了解你的边界。强调个人需求和自我保护的重要性。

提前安排：建议朋友提前告知你他们的计划，这样你可以更好地安排自己的时间，或者提前找到其他解决方案。

提供其他支持方式：表达对朋友困境的理解和支持，但同时提出其他方式来帮助他们，比如安排一次聊天或提供其他建议。

保持友好关系：强调友谊的重要性，让朋友知道你依然在乎他们，只是在这个特定情况下需要保持一些距离。

倾听和支持：如果朋友需要倾诉，你可以在其他时间提供支持和倾听，但要在你有能力和意愿的范围内提供帮助。

自我照顾：不要感到内疚或有负罪感，坚持保护自己的空间和时间。理解自己的需求同样重要。

通过以上建议，你可以更有效地拒绝朋友的请求，同时保持友好关系并维护自己的个人空间和时间。

建立健康的友情关系

就像其他人际关系一样，友情也需要双方投入时间、精力和关怀来维持。如果一方感觉自己在友情中投入过多而另一方并不珍惜或回应，就可能会导致友情疲劳。友情疲劳可能表现为一方感到被忽视、不被理解或不被支持，最终可能导致友情关系的疏远或破裂。因此，建立健康的友情关系同样需要双方共同努力和关注彼此的感受和需求。

虽然你愿意帮助朋友，但当友情看似朝着不平衡的方向发展时，你必须表明自己的立场。无论你是否理解朋友提出请求的动机，拒绝可能是保护自己的唯一方式。

拒绝往往是维系珍贵友情的途径，那些重要友情都体现出相同的核心价值：关心、支持、信任、相互尊重、包容、尊重隐私并善于倾听。

场景分析：对老想借你贵重衣服或者贵重包的朋友，你一直很乐意分享，但时间长了，总感觉不自在。虽然分享是美德，但也要有界限。

提　　示：分享并非友情的唯一标准，珍视物品不应超出友情范畴，该拒绝时就要拒绝。

当朋友总是借你贵重衣服或者包包时，你不想一味地答应，再好的朋友也应该有界限感，可以尝试以下对话。

朋友：亲爱的，我最近有个特别的场合，可以借你那个漂亮的包包用一下吗？它跟我那天要穿的衣服简直太配了。

你：谢谢你喜欢我的包包，但是那个包比较贵重，我最近也一直在使用它，不方便借给你了。

朋友：哦，好吧。那你的那件带亮片的衣服呢？我也很喜欢，能借我穿一下吗？

你：抱歉，那件衣服都是贴身穿的，你知道我是有点小洁癖的，没有办法借给你。不过，如果你有特殊场合需要，你可以考虑使用按天借奢侈品包的一些小程序，那里有很多选择并且价格也不贵。

朋友：哦，好主意，我会去看看的。不好意思打扰你了。

你：没关系，如果你需要其他帮助或建议，我们可以随时沟通。

通过这样的对话，你可以委婉地拒绝朋友借用你的贵重物品，同时提供其他解决方案，如支付宝上的借奢侈品包的小程序。重点在于保持友好的沟通氛围，让对方感受到你的理解和支持，同时坚持个人需求和边界。

当你需要拒绝朋友总是借你贵重衣服或者包包时，可以尝试以下建议。

坦诚沟通：采取坦诚直接的态度，告诉朋友你的感受和需求。表达自己的立场，但要尽量避免伤害对方的感情。

设立明确界限：明确告诉朋友你的个人空间和时间安排，让他们了解你的边界。强调个人需求和自我保护的重要性。

提供替代方案：建议朋友使用按天借奢侈品包的小程序，这样他们可以找到其他途径满足自己的需求。

强调友谊：强调友谊不在于借物品，而在于彼此的理解和支持。让朋友知道你依然在乎他们，只是在这个特定情况下需要保持一些距离。

提供其他支持：表达对朋友困境的理解和支持，同时提出其他方式来帮助他们，比如提供建议或提供其他形式的支持。

自我照顾：不要感到内疚或有负罪感，坚持保护自己的空间和时间。理解自己的需求同样重要。

通过以上建议，你可以更有效地拒绝朋友的请求，同时保持友好关系并维护自己的个人空间和时间。在拒绝的过程中，尊重自己的需求和边界同样重要。

场景分析：一如既往，你的朋友总是以慷慨的姿态邀约聚会，但所有安排聚会的烦琐事务都落在你身上。之前几次出去玩，最终都是你上网搜索活动、预订餐厅、联系其他朋友，而你的朋友则只顾着看自己的信息。

提　　示：留心那些可能让你变成负责人的问题。如果这种模式一直持续下去没有改善，那么今后在见面前就应该确定好具体的活动计划。

当你需要拒绝总是提议出去玩却完全不做计划，最终所有事情都要你来负责的朋友时，可以尝试以下对话。

朋友：嘿，这个周末我们一起出去玩吧！你有什么好建议吗？

你：我很乐意和你一起出去玩，不过我觉得我们可能需要一些具体计划才能确保顺利。你有想法吗？

朋友：噢，我还没想太多，你通常都有好主意，你来安排吧！

你：其实我希望我们能共同参与计划，这样可以更好地满足大家的需求，总是我自己提出一些想法，可能也会有人不满意。如果你有任何想法或建议，我们可以一起商量。

朋友：哦，好的，我明白了。那你能帮忙安排一下吗？

你：抱歉，这次你尝试去安排一下怎么样？我觉得我需要一些时间休息和处理自己的事情。不过，如果你需要任何建议或帮助，我很乐意帮助你。

通过这样的对话，你可以委婉地拒绝朋友总是让你负责安排出行计划的请求，同时强调共同参与计划的重要性。重点在于保持友好的沟通氛围，让对方了解你的需求和边界，并提出其他形式的支持和帮助。

当你需要拒绝朋友总是提议出去玩却完全不做计划，最终所有事情都要你来负责时，可以尝试以下建议。

明确表达需求：坦诚地表达你的感受和需求，指出你希望朋友能更积极参与计划，而不是让你独自承担责任。

设立界限：明确告诉朋友你的时间和精力有限，无法每次都负责安排活动。强调个人需求和自我保护的重要性。

提倡合作：建议朋友大家共同参与计划，可以轮流或者合作安排活动，这样大家都能享受到规划的乐趣。

鼓励独立思考：鼓励朋友自己提出建议和计划，让他们意识到每个人都有责任参与规划活动。

建议分工：如果朋友确实不擅长计划，可以建议分工，让每个人负责不同的部分，以减轻你的负担。

提供支持：表达对朋友的理解和支持，同时强调你愿意在其他方面提供帮助，但需要在计划上分担责任。

保持友好关系：在拒绝时保持友好和尊重，强调友情不在于计划活动，而在于彼此的理解和支持。

通过以上建议，你可以更有效地拒绝朋友总是让你负责安排活动计划的请求，同时保持友好关系并维护自己的个人空间和时间。在沟通中坚持尊重自己的需求和边界，同时也尊重朋友的立场和感受。

场景分析：朋友搬进了新公寓，正在整理行李。你路过来打个招呼，却被拉去帮忙一起整理。你知道朋友挑剔，也知道在你离开后，她可能会重新摆放。

提　　示：朋友是一个挑剔或完美主义的人，无论你如何努力，都可能会被挑剔。友情应该建立在互相支持和理解的基础上，不应该牺牲自己的喜好。

当你需要拒绝朋友总是让你帮忙整理东西，但他可能会在你离开后重新整理的请求时，可以尝试以下对话。

朋友：亲爱的，你能帮我整理一下这些东西吗？我知道你总能做得很完美。

你：当然可以，不过我觉得我们可以一起做，这样可以确保东西整理得符合你的期望。

朋友：哦，我相信你的标准，你来做完全没有问题。

你：真的很感激你对我的信任，但我觉得我们一起动手会更好。我也希望你能参与其中，毕竟以后需要寻找什么东西，你自己也完全清楚它的摆放位置。

朋友：好吧，我明白了。但是我现在还在忙别的事情，这边还是拜托你帮忙放一下吧，之后要是不合适，我再来重新整理一遍。

你：我完全理解你追求完美的态度，但我希望我现在付出的时间和劳动也能得到尊重。我们现在一起合作，效率和结果都会更好。如果你觉得需要重新整理，我也很乐意提供帮助，只是希望我们的努力能得到充分的重视。

通过这样的对话，你可以委婉地拒绝朋友让你帮忙整理东西的请求，同时强调合作的重要性，并表达希望你们的努力能得到充分的重视。重点在于保持友好的沟通氛围，让对方了解你的立场和期望，同时也尊重对方的态度和偏好。

当你需要拒绝一个朋友让你帮忙整理东西，但知道他可能会在你离开后重新整理的情况下，可以尝试以下建议。

坦诚沟通：诚实地表达你的感受和需求。告诉他你很乐意提供帮助，但希望他能在你的协助下完成整理，而不是在你离开后重新整理。

强调合作：提议共同合作整理东西，让他参与其中，这样他能更好地理解整个过程，并减少重新整理的可能性。

设立界限：明确表达你的时间和精力有限，无法多次参与同一任务。强调你希望他能在你的帮助下完成整理，而不是单独承担。

提供建议：如果可能，给出一些建议或技巧，使他在你的协助下完成整理，这样可以减少重新整理的可能性。

尊重他的决定：尊重他追求完美的态度，但同时也要表达你的希望，即希望他能在你的协助下完成整理，以节省时间和精力。

保持友好：在拒绝时保持友好和尊重，强调你的意图是希望能共同完成任务，以确保最终结果符合双方期望。

通过以上建议，你可以更有效地拒绝朋友让你帮忙整理东西的请求，同时强调合作的重要性，以减少重新整理的可能性，同时保持友好关系并维护自己的个人空间和时间。

场景分析：你和伴侣已经决定只要一个孩子。而你的朋友家有两个孩子，她觉得多养一个孩子轻而易举。每次见面，她都会提起让你再要一个孩子的话题。

提　　示：独生子女家庭已经越来越普遍，尽管曾经备受争议。无论外界怎么看，相信自己的选择最重要。如果朋友的意见让你感到困扰，也可以少跟他们接触。

当你需要拒绝一个没有分寸感、时不时催你再生一个小孩的朋友时，可以尝试以下对话。

朋友：嘿，你们家孩子长大了，考虑再生一个小孩吗？让他有个伴儿啊。

你：谢谢你的关心，但目前我们对于再生小孩还没有具体计划。

朋友：但是孩子间年龄相差不远的话，一起长大会更有趣的。

你：我明白你的想法，但我们必须考虑各种因素，包括家庭和职业等方面。并且我们现在也愿意把所有的爱和精力都投入到一个孩子身上，更何况现在也没有人能够帮忙带孩子。

朋友：时间可不等人，孩子们越早相处越好哦。

你：谢谢你的建议，我们会认真考虑。我们自己的事情，我们自己决定就好了。

朋友：好吧，我理解你们的考虑。希望你们能够在合适的时机做出最好的决定。

在这段对话中，你坚定地表达了自己对于再生小孩的考虑和计划，并且尊重了朋友的意见。同时，你也强调了希望朋友能够理解并支持你们的选择，以维持你们之间的良好关系。这种沟通方式可以帮助你保持自己的立场，同时也保持了与朋友之间的尊重和理解。

当你需要拒绝一个没有分寸感、时不时催你生小孩的朋友时，可以尝试以下建议。

坚定表达自己的立场： 在拒绝时，要坚定地表达自己的想法和计划，不要留下模糊的空间给对方误解。

保持礼貌和尊重： 尽管拒绝，但仍然要保持礼貌和尊重，避免伤害对方的感情。

给予理解： 理解对方提出的建议和担忧，但同时明确自己的立场和想法。

提出自己的考虑： 可以适当分享一些自己考虑是否再生小孩的因素，让对方了解你的决定并非草率。

要求尊重： 明确表达希望对方尊重你的决定和个人空间，这是维持友谊的重要基础。

保持沟通畅通： 尽量保持开放的沟通渠道，让对方知道你愿意倾听他们的想法，但最终决定权在于你自己。

设定界限： 如果对方的催促变得过于频繁或令你感到不适，可以适当设定界限，让对方知道你的底线。

通过这些建议，你可以更好地处理和拒绝那些没有分寸感、时不时催生小孩的朋友，维护自己的决定权和个人空间，同时保持友好的关系。

合理拒绝社交邀请

无论是婚礼、准妈妈派对、泡吧、成人礼、新家暖居还是晚餐聚会，邀请络绎不绝，这显示你备受欢迎、社交广泛、备受重视。然而，盲目接受所有邀请可能并不明智。

当然，若别人邀请你参加她儿子的毕业午宴或她母亲的生日寿宴，这些对主办者意义重大的场合，你很难拒绝。然而，对于不感兴趣的电影、不想参与的旅行或心情不佳的聚会，拒绝同样是一大挑战。

场景分析：大多数人都有那么一两个喜欢插手他人生活的朋友，他们总是试图控制你的生活。他们可能会巧妙地以各种方式“帮助”你，而你却几乎察觉不到发生了什么。当有人试图控制你的生活时，你会感到自己像个人质，好像成为他们的附庸。通常需要一段时间才能意识到自己被控制，除非你摆脱这种控制，否则这种状态将持续下去。

提　　示：控制欲强的人往往不愿意被拒绝。即使你已经习惯了朋友的干涉，你也有权利不再接受。拒绝一两次后，他们就不会再未经你同意就安排事情了。

当你需要拒绝一个不跟你商量就替你报名你不太感兴趣的活动，试图控制你生活的朋友时，可以尝试以下对话。

朋友：嘿，我已经帮你报名了这个周末的登山活动，还没来得及告诉你呢，我想你会喜欢的！

你：哇，谢谢你的关心，但我并没有表达过对登山活动感兴趣啊。

朋友：没关系，我知道你会喜欢的，登山是一项对身体和心理健康都很好的运动。

你：我理解你的好意，但我希望在未来的活动选择中你能够先跟我商量一下，我想要在自己的生活中保持一些自主权。

朋友：但是我觉得这个活动对你很有好处，你应该尝试一下。

你：我真的感谢你的推荐，但我更愿意自己决定自己的活动安排。我希望你能理解并尊重我的选择。

朋友：好吧，我明白了。我只是担心你会错过一些好的机会。

你：我明白你的担心，但我需要自己做出决定。谢谢你随时都能想到我。

在这段对话中，你坚定地表达了自己对于个人自主权的重视，并且尊重了朋友的意见。同时，你也强调了希望朋友能够理解并尊重你的选择，以维持友谊的良好关系。这种沟通方式可以帮助你保持自己的立场，同时也保持了与朋友之间的尊重和理解。

当你需要拒绝一个不跟你商量就替你报名你不太感兴趣的活动，试图控制你生活的朋友时，可以尝试以下建议。

明确表达自己的立场：坦诚地告诉朋友你对于他们未经你同意就替你报名活动感到不舒服，并强调你希望在这类决定上能够被征求意见。

感谢对方的关心：表达感激之情，让对方知道你理解他们的好意，但同时强调你希望保持自己的决策权。

说明个人喜好和兴趣：说明你的兴趣爱好和喜好，让对方了解你更喜欢哪些类型的活动，以便未来更好地考虑你的需求。

建立边界和界限：明确告诉朋友你希望他们在未来的活动安排中先征求你的意见，以避免类似情况再次发生。

保持冷静和理性：在沟通中保持冷静和理性，避免情绪化的回应，以确保对话能够顺利进行。

提出解决方案：如果可能的话，提出一些解决方案，例如建议朋友先与你商量再做决定，或者共同探讨适合双方的活动选择。

强调个人自主权：强调个人自主权和自由选择的重要性，让对方了解你希望在自己的生活中保持一定的控制权。

维护友谊关系：尽量避免伤害对方的感情，同时也要维护友谊关系，让对方知道你的拒绝并非针对他们个人。

通过以上建议，你可以更好地应对这种情况，坚守自己的立场并与朋友进行有效的沟通，以维护个人的自主权和友谊关系。

场景分析：下班后，朋友邀请你周末去她家聚会。你太累了，不想再负责准备一些热菜——准备时间太长。明确表达出自己的想法，大家一起分担劳动更轻松。

提　　示：用一些方便的方式去参与、去贡献也是可以的。

当你需要拒绝参加聚会时朋友让你准备一些复杂的东西，而你希望准备一些轻松的部分时，可以尝试以下对话。

朋友：嘿，我们这周末要举办聚会，你能帮忙准备一些食物吗？比如一些热菜或者甜点？

你：谢谢你邀请我参加聚会！但其实我这周末有点忙，可能没办法花太多时间准备食物。

朋友：哦，如果太忙的话，你可以帮忙准备一些饮料或者零食，也可以的。

你：我可以带一些饮料或者一些小点心，怎么样？这样我不会耽误太多工作，也可以更好地参与到聚会中了。

朋友：哦，那当然可以！带一些饮料或者小点心也非常好。我们很高兴你能参加聚会。

你：谢谢理解，我会准备好的，期待这次聚会！

在这段对话中，你委婉地拒绝了朋友的要求，同时提出了一个更适合自己的选择。通过这种方式，你不仅保持了自己的舒适度，还展现了合作和友好的态度，让聚会变得更加愉快和轻松。

当你想拒绝朋友让你准备的东西，而希望准备一些更轻松的部分时，可以尝试以下建议。

坦诚地表达自己的情况：告诉朋友你的情况，例如时间紧张或者有其他安排，让他们了解你目前的处境。

感谢邀请并说明愿意参与：表达感激之情，让朋友知道你对聚会的重视，但同时提出自己的困难。

提出替代方案：建议准备一些更轻松的部分，比如饮料、零食或者其他简单的食物，以表达你的合作意愿。

与朋友协商：与朋友沟通，看看是否可以分担任务或者调整聚会准备的安排，以便让大家都感到舒适。

保持友好和尊重：在拒绝的同时，保持友好和尊重，避免伤害对方的感情，让对方知道你的拒绝并非针对他个人。

明确表达自己的立场：强调你的立场和需求，让朋友了解你的想法和感受，以便双方能够更好地沟通和理解。

寻求妥协：尝试寻求双方都能接受的妥协方案，以确保友谊关系得以维持并让聚会顺利进行。

通过以上建议，你可以更加有效地拒绝朋友的要求，同时提出自己的建议，以便在保持友好关系的同时满足双方的需求。

场景分析：已经有好几年了，朋友们都习惯来你家一起观看篮球比赛。大家一边享用你提供的食物和饮料，一边兴致勃勃地观看电视比赛，尽情欢乐。然而，聚会结束后留下的一片狼藉让你感到心烦意乱。虽然不想让朋友们失望，但多年来组织聚会的热情已经消退。你已经厌倦了戴上热情东道主的面具，虽然表面上开心地款待朋友，但内心却盼着比赛早点结束。

提　　示：已经历练多年，不妨让别人接过你的责任。如果有朋友特别想延续这一传统，可以让他们接手组织派对。

今年的篮球赛，朋友们又想到你家一起观看，往年接待朋友、准备食物、收拾残局已经让你疲惫不堪，今年你想改变一下这个状况，可以尝试以下对话。

你：嘿，我想和大家聊一下我们的聚会安排。

朋友：好的，有什么事情？

你：我觉得以前我总是负责组织聚会、提供场地和食物，然后还要独自做清洁，感觉有点吃力。

朋友：嗯，是有点辛苦。那你有什么想法呢？

你：我想提议我们每个人轮流负责组织聚会、提供场地和食物，同时大家一起分担清洁工作，这样会更公平一些，也能减轻我个人的负担。

朋友：好的，我理解你的想法。这样也能让大家更好参与进来。我们可以试一下这种方式。

（聚会结束后）

朋友：嘿，大家一起动手清理后果然效率更高，而且也感觉更像一次团队合作。

你：是的，感觉这样分工清理更快也更轻松，大家一起出力，聚会也更加愉快。

朋友：谢谢你提出这个建议，让我们的聚会变得更加紧密，大家也都参与其中，下次再见！

你：没问题，下次再见！

在这段对话中，你委婉地提出了改变以往的聚会安排的建议，得到了朋友的理解和支持。通过合作讨论，找到了一种更公平的方式来组织聚会，让大家都能更好地享受聚会并减轻你个人的负担。

当你想拒绝像往年一样承担全部聚会组织、场地和食物提供，并独自清理时，可以尝试以下建议。

坦诚沟通：在聚会之前，找一个合适的时间和方式，坦诚地和朋友们沟通你的想法。表达你的感受和理由，让他们了解你的立场。

提出新建议：提出一些新的聚会安排方案，例如轮流承担组织、提供食物和场地的责任，共同分担清洁工作等。让大家参与进来，共同商讨出一个更公平的安排。

强调合作：强调合作和团队精神的重要性。指出通过大家共同努力，不仅可以减轻个人负担，还能让聚会更加愉快和顺利。

尊重他人意见：在讨论中，尊重每个人的意见和感受。听取他们的想法，并尝试找到一种大家都能接受的解决方案。

试行新方式：给大家一些时间适应新的聚会安排方式。尝试实施新方案，看看效果如何，并在聚会结束后进行反馈和讨论，以便不断改进。

感谢支持：感谢朋友对你的理解和支持。让他们知道你珍惜大家的友谊，只是希望能够更公平地分担聚会的责任。

通过以上建议，你可以更顺利地和朋友沟通，提出新的聚会安排方式，大家共同努力让聚会更加轻松愉快。

保持自我但不失礼仪

在社交场合，拒绝的欲望往往会在礼仪规范的压力下消失。好友的期待和一些默契会促使你答应做一些本不想做的事情，甚至感觉必须答应才行。出于礼貌，你可能会倾向于接受朋友的请求。

过度追求完美表现以满足所谓的义务感是危险的想法，尤其是当你将礼貌和得体视为社交中引以为傲的特质时。当你拒绝邀请、忽略在线信息或请求时，可能会觉得自己触犯了社交规范。找到一种聪明的方法来保持自我，既保留自己的立场又让朋友或熟人觉得你并未失礼，这才是坚守个人原则的有效方式。

场景分析：一位与你并不特别亲密的朋友，在社交软件上通过各种方式不断轰炸你，希望你为他最近的投资项目捐款。你对这个项目不感兴趣，也没有热情，但又不想显得冷漠或无礼。

提　　示：虽然你不应该无视朋友的投资项目，但也无义务投资自己不信任的事业，尤其是当你知道如果妥协就会让自己感到烦躁或失败时，更应该坚持自己的立场。

当你拒绝不熟的朋友道德绑架，让你给他的投资项目众筹时，可以尝试以下对话。

朋友：嘿，我最近启动了一个投资项目，希望你可以帮忙给我众筹一些资金。

你：嗯，我很欣赏你的努力和创业精神，但我最近对投资方面有一些不同的计划和重点。

朋友：我知道我们可能不是很熟，但这个项目对我来说非常重要，我需要朋友的支持才能实现它。

你：我理解你的心情和对项目的投入，但我目前的财务状况和资金分配已经有了明确的计划，我需要把资金用在我认为更重要的地方。

朋友：但这个项目对我来说意义重大，你的支持会让我更有信心和动力。

你：我希望你能理解我的立场，我的财务决策是基于我个人的需求和目标。我相信你的项目会取得成功，但我目前无法参与众筹。如果你想要寻求一些贷款的帮助，我可以把我认识的银行信贷经理推荐给你，可以找他申请一个合适的贷款利率。

朋友：好吧，感谢你的建议。

你：谢谢你的理解。希望你的项目取得成功，如果有其他方式我可以支持你的话，请告诉我。

在这段对话中，你坚定地表达了自己的立场，拒绝了朋友的请求，同时也尊重了对方的努力和项目。你没有被道德绑架，而是清晰地说明了自己的财务状况和决策原因。朋友也理解并接受了你的决定，保持了友好的交流。

当你需要拒绝不熟的朋友道德绑架，让你给他的投资项目众筹时，可以尝试以下建议。

坚定但礼貌：在拒绝时要坚定表达自己的立场，但也要保持礼貌和尊重。强调自己的财务状况和个人需求，而非对方的项目本身。

明确表达原因：说明你的财务计划和资金分配已经有了明确的安排，无法参与额外的投资。避免模棱两可或含混不清的表达，让对方明白你的立场。

感谢理解：感谢对方对你的理解和支持，同时表达对他的项目和努力的尊重。强调你的拒绝并非对对方的否定，而是基于个人情况的考量。

提供其他支持方式：如果可能的话，可以提供其他方式支持对方的项目，比如分享项目信息、推荐给其他可能感兴趣的人群等。这样可以表达你对对方的支持和友好。

保持冷静和理性：避免被对方的情绪所左右，保持冷静和理性的态度。不要被迫接受不符合自己意愿的要求，坚持自己的立场。

结束交流时留有余地：即使拒绝了捐款众筹，也可以表示愿意继续保持联系或者支持对方的其他努力。这样可以保持友好关系，并留下未来可能合作的空间。

通过以上建议，你可以更好地处理这种情况，坚守自己的底线同时保持友好和尊重。

场景分析：你虽然慷慨大方，但每次聚会后都让你结账，让你感到不悦。不喜欢谈钱，但也不想总是请客。

提　　示：坦诚表达想法，提醒朋友下次遵循AA制度。

你希望朋友能在每次聚会后主动参与AA制度，可以尝试以下对话。

你：嘿，我想和你聊一下我们一起吃饭的支付方式。

朋友：嗯，怎么了？

你：我注意到我们一起吃饭时，你很少主动提出结账或者参与AA制度，我希望我们可以更加平衡地处理这个支付问题。

朋友：哦，是吗？我可能没有太在意这个，你知道的，我平时不太在意金钱方面的事情。

你：没关系，我觉得我们之间应该更加公平和互相体谅。所以我希望我们以后可以更多地采用AA制度，这样每个人都能感到公平。

朋友：好的，我明白你的意思了，以后我会主动一些，也不让别人觉得为难。

在这段对话中，你委婉地提出了对朋友支付方式的关注，并表达了希望能更加平衡地处理这个问题的愿望。朋友也表现出理解和愿意配合的态度，表示会尽量主动参与AA制度，以实现支付方式的公平和平衡。

当你与一个从来不主动结账的朋友一起吃饭，这次你主动结账并希望他以后可以主动AA时，可以尝试以下建议。

坦诚沟通：在选择合适的时机和地点，坦诚地与你的朋友沟通你的想法。表达你对友谊的重视，以及希望支付方式更加公平和平衡的愿望。

尊重对方：在表达你的想法时，尽量避免指责或批评对方过去的行为。以积极的态度和尊重的语气表达你的期望，让对方感受到你的诚意和善意。

分享你的理由：解释为什么你希望以后可以主动参与AA制度。可以提及公平、互相理解和友谊的重要性，让对方了解你的想法背后的动机。

提出建议：给出明确的建议或提议，例如建议以后可以轮流结账或者采用AA制度，让双方都能参与支付，并保持支付方式的平衡。

尊重对方的回应：尊重对方的回应和决定。对方可能需要时间来适应这种改变，或者可能有自己的想法和顾虑。尊重对方的立场，并与对方共同探讨如何更好地处理支付方式。

建立共识：尽量达成双方都能接受的共识，让支付方式更加平衡和公平。通过沟通和合作，找到适合双方的解决方案，维持友谊关系的和谐。

感谢和肯定：感谢对方的理解和配合，肯定对方的努力和合作。通过积极的反馈和鼓励，加强友谊关系，让双方更加愿意共同努力维护友谊的平衡和和谐。

通过以上建议，可以更好地处理与朋友之间的关系，维护自己的利益，同时保持友谊关系的和谐和平衡。

场景分析：朋友经常“借”你的丈夫，有时搬东西，有时修门，有时修水管……你的丈夫强壮、亲切，而且离得近。

提　　示：助人为乐是好的，但是丈夫也是你最亲密和最好的帮手，需要时可以“恕不借出”，你有这个权利。

当你拒绝朋友总是理所当然“借”走你的丈夫去帮她解决问题时，可以尝试以下对话。

朋友：嘿，我知道你的丈夫在修理方面很擅长，我最近有一件东西需要他帮忙修理一下，你觉得可以吗？

你：当然可以的，我们也很乐意帮助你，但是我觉得还是需要跟你谈谈关于这种频繁找我丈夫去给你处理问题的事情。

朋友：哦，有什么问题吗？

你：我希望你能理解，虽然我们很乐意，但我的丈夫也有自己的工作和生活，他并不总是有空去你那儿帮忙解决问题。我还是希望我们能更好地尊重彼此的时间和空间。

朋友：啊，我没有意识到这一点，抱歉给你们带来了困扰。

你：没关系，我希望我们之间能够建立更好的沟通和理解。如果有什么问题，希望你可以提前告诉我们，我们一起来寻求解决的办法，而不是总是依赖我丈夫。如果实在不好解决，我们也是很乐意去帮助你的。

朋友：我明白了，我会尽量自己解决问题。谢谢你提醒我这一点。

你：谢谢你的理解，我相信通过彼此的尊重和合作，我们可以维持良好的友谊关系。

在这段对话中，你委婉地表达了对朋友频繁借用你丈夫的困扰，并强调了彼此的时间和空间需要被尊重。朋友表现出理解和愿意独立解决问题的态度，表示会尽量不再依赖你的丈夫。双方通过沟通和理解，建立了更好的相互尊重和合作关系，有助于维护友谊的平衡和和谐。

当你想拒绝朋友总是理所当然“借”走你的丈夫去帮她解决问题时，可以尝试以下建议。

明确表达你的感受：在一个适当的时机，坦诚地表达你对这种情况的感受，强调你的立场和需求。例如，可以说：“我想和你聊一聊，关于频繁借用我丈夫的事情。”

强调个人边界：明确表达你和你丈夫的个人边界和需求，让朋友了解你的立场。强调你丈夫也有自己的工作和生活，需要时间和空间。

提出合作的替代方案：表明你愿意帮助朋友寻找其他解决问题的方式，或者提供其他支持。建议朋友考虑自己解决问题的可能性，或者寻找其他资源和帮助。

强调友谊的重要性：强调你对友谊的重视，希望通过坦诚的沟通和相互尊重来维护友谊关系。表达你希望双方能够理解彼此的立场和需求。

设定明确的边界：如果需要，设定明确的边界和规则，让朋友明白你的底线。例如，可以说：“我希望我们能够共同寻找解决问题的方式，而不是总是依赖我丈夫。”

倡导自主解决问题：鼓励朋友独立解决问题，提升自己解决困难的能力，而不是依赖他人。可以提供支持和建议，但强调每个人都应该承担自己的责任。

保持冷静和理性：在沟通中保持冷静和理性，避免情绪化的表达。以平和的态度表达自己的想法和需求，让对方更容易接受和理解。

通过以上建议，你可以更好地处理这种情况，维护自己和丈夫的个人空间和边界，同时保持友谊关系的和谐和平衡。

和谐的邻里关系

和谐的邻里关系意味着邻居之间愿意互相帮助，共同解决问题，分享资源和信息。他们在需要时会互相支持，建立起一种互助互利的关系。邻里之间相互尊重、理解彼此的生活方式、文化背景和个人空间。他们尊重彼此的意见和决定，不会轻易干涉或批评对方的选择。

维持睦邻友好是一项挑战，也是一件棘手的事情，但拒绝邻居就像暴风雨来临前盘旋在你头顶的乌云一样可怕。如果可能的话，在邻居提出请求时就坚决拒绝，通常是更好的选择，无论你是否提供帮助，生活都会继续进行。

场景分析：你们几位家长轮流负责接送孩子参加活动。今天轮到的家长没有提前告知可能有紧急情况，却突然请求你代替。这种情况并非第一次发生。虽然今天不是你的轮次，而且你已经有其他安排，但你担心孩子们会错过足球比赛。

提　　示：如果你这次心甘情愿地替代，那你可能会被视为“好说话”的人，并可能被频繁地请求帮忙。

当你拒绝邻居临时找你替班接送孩子时，可以尝试以下对话。

邻居：嘿，抱歉打扰你，我今天突然有急事，无法接送孩子去参加活动了，能麻烦你替我接一下吗？

你：实在不好意思，今天我已经有其他安排，无法替你接送孩子去参加活动了。

邻居：哦，真的吗？那我有点手忙脚乱，不知道该怎么办了。

你：我确实已经有别的安排了，下次有这种情况，也希望你能提前告诉我，这样我可以安排好时间来帮忙。或者我们可以一起寻找其他解决方案。

邻居：是的，我知道我这次有点仓促了，以后我会尽量提前告诉你。不好意思让你为难了。

你：没关系，邻居间应该互相帮助，但也要尊重彼此的时间和计划。为了不耽误孩子参加活动，我可以问一下家里老人这次是不是可以帮一下忙。

邻居：实在太感谢了。下次一定提前告诉你，不再临时找你替班。

你：谢谢你的理解，希望我们之间的合作能更加顺畅。如果有什么需要帮忙的，尽管告诉我。

在这段对话中，你委婉地拒绝了邻居的请求，但也提出了解决问题的办法，并强调了对提前通知和共同解决问题的重要性。邻居表示理解并承诺以后会提前告知，双方通过沟通建立了更好的合作方式。

当你想拒绝邻居总是临时找你替班接送孩子，而本应是轮流负责的情况下，可以尝试以下建议。

明确沟通轮流责任：在一个适当的时机，明确和邻居沟通轮流负责接送孩子的安排，强调这种制度的公平性和重要性。

设定明确规则：确保双方都清楚轮流接送孩子的具体规则和安排，包括时间、地点、通知方式等。这样可以避免混淆和不必要的困扰。

提前计划：尽量提前计划好自己的时间表，确保能够履行轮流接送孩子的责任。如果有特殊情况，也要提前通知邻居，以便双方能够做出调整。

委婉拒绝：如果邻居临时找你替班，而你已经有其他安排或无法帮忙，可以委婉地拒绝。表达你的理解和友好，同时坚持自己的立场。

提供替代方案：在拒绝的同时，可以提供一些替代方案或建议，帮助邻居解决问题。例如，提醒邻居寻找其他家长帮忙或者考虑其他解决方案。

强调合作精神：强调邻居之间的合作精神和相互理解，希望双方能够共同遵守轮流接送孩子的规定，维护公平和友好的关系。

通过以上建议，你可以更好地处理邻居临时找你替班接送孩子的情况，维护好邻里关系的和谐和轮流责任的公平性。

场景分析：一个邻居让你在请愿书上签字，他介绍这份请愿书将为社区带来许多益处，并且已有很多人签字。你对请愿书的内容和背后的组织并不了解。因此，你不愿轻易在文件上签字。

提　　示：不要为了让对方尽快离开而随意在请愿书上签字，无论请愿书的内容是什么。

当你拒绝邻居让你在不熟悉内容的请愿书上签字时，可以尝试以下对话。

邻居：我这里有一份请愿书，希望你可以帮忙签个字支持一下。

你：嗯，谢谢你考虑我，但在我签字之前，我想了解一下这份请愿书的具体内容是关于什么的。

邻居：哦，这份请愿书是关于我们社区改善交通安全的问题，希望能够引起相关部门的重视。

你：明白了，交通安全是个重要问题。但我觉得在签字之前，我需要更多时间来了解这个问题和请愿书的内容，确保我能够全面支持。

邻居：我完全理解你的担忧，但我们需要尽快收集签名才能提交。你可以相信我，这份请愿书是为了社区的利益。

你：我理解紧急性，但对于这类事情，我希望自己能够充分了解并做出明智的决定。也许我们可以稍后再谈，或者我可以帮助寻找其他人支持。

邻居：好的，我理解你的立场。如果你需要更多信息或者有其他问题，随时告诉我。

你：谢谢你的理解。我会继续关注这个问题，如果有需要，我会尽力提供帮助。

在这段对话中，你委婉地拒绝了邻居的请求，强调了对于重要事项需要充分了解并做出明智决定的重要性。同时，你也表达了对邻居的理解和愿意帮助的态度，维持了邻里关系的和谐。

当你想拒绝邻居急着让你在并不熟悉内容的请愿书上签字时，可以尝试以下建议。

请求更多信息：在委婉地拒绝之前，请求邻居提供更多关于请愿书内容的信息。了解请愿书的主题、目的和影响可以帮助你做出更明智的决定。

表达谨慎态度：委婉地表达你对在不熟悉内容的文件上签字的谨慎态度。强调对于重要事项需要充分了解并做出明智决定的重要性。

提出延迟签字：建议邻居延迟签署请愿书，以便你有足够的时间研究并了解其中的内容。这样可以避免因匆忙而做出仓促的决定。

提供替代支持：虽然你可能不愿意立即签字，但可以提供其他形式的支持，比如帮助邻居寻找其他人支持或者参与更深入的讨论。

保持友好沟通：在拒绝的同时，保持友好的沟通态度。表达对邻居的理解和尊重，强调你的立场是出于对事情的慎重考虑。

提出进一步讨论的可能性：建议与邻居进一步讨论请愿书的内容，以便更好地理解其中的细节和影响，同时也可以表达你对问题的关注。

通过以上建议，你可以委婉地拒绝邻居急着让你在不熟悉内容的请愿书上签字的请求，同时保持友好的邻里关系和明智的决策态度。

场景分析：邻居已经多次请求你帮忙看孩子。更令人困扰的是，她所说的一个小时经常会延长。有时她会打电话说因事耽搁，表示歉意；有时她甚至不打电话，你只能望穿秋水等待她的车停在你家门口。

提　　示：有些行为可能会让你感到尴尬。如果照看孩子不是双向互惠，而只是你单方面帮忙，与其感觉被利用，不如让她也花同样的时间帮你看孩子。

当你拒绝邻居多次请求你帮忙看孩子，并不按时回家的情况时，可以尝试以下对话。

邻居：嘿，你能帮忙看看孩子吗？我今晚有点事要出门一趟，但应该不会太晚回来。

你：抱歉，我今晚有些事情要处理，帮不上忙。

邻居：哦，真的吗？可是我真的很需要帮忙，就这一次，之后我会尽量避免这种情况的。

你：我理解你的困境，但我希望你能理解我也有自己的安排。我不太能保证今晚能够照顾孩子。

邻居：好吧，但是我真的找不到其他人帮忙了，你能不能稍微帮一下忙呢？

你：抱歉，我真的不能保证。我觉得这种情况最好提前安排好，以免出现不必要的困扰。也许我们可以商量一下其他解决方案，比如提前通知或者寻找其他可靠的帮忙人选。

邻居：嗯，我会考虑的。谢谢你的理解。

你：没关系，希望一切顺利。如果有其他需要帮忙的地方，尽管告诉我。

在这段对话中，你坚定地表达了自己的立场，拒绝了邻居的请求，并提出了合理的解决方案。同时，你也保持了友好的沟通态度，表达对邻居困境的理解，同时也提醒了邻居需要提前安排好类似情况。这种方式可以帮助你维护自己的个人空间和时间，同时也维持了与邻居的良好关系。

当你想拒绝邻居多次请求你帮忙看孩子，而且她总是不按时回来时，可以尝试以下建议。

设立明确界限：在拒绝邻居的请求时，要坚定地设立明确的界限。表明你的时间也很宝贵，不能总是为邻居的不按时回来买单。

坦诚沟通：与邻居坦诚沟通，说明你的担忧和不便之处。强调你也有自己的事情要处理，不能总是为她的延误买单。

提出解决方案：建议邻居提前安排好孩子的看护事宜，或者寻找其他可靠的帮忙人选，以免对你造成不便。

强调重要性：强调准时回家的重要性，特别是对于孩子的看护。提醒邻居应尊重他人的时间和安排。

坚持原则：如果邻居仍然频繁请求你的帮忙而不尊重你的时间，要坚持自己的原则，拒绝不合理的请求。

提供建议：如果可能的话，可以提供一些建议或资源，帮助邻居找到更合适的解决方案，比如托儿所或其他看护服务。

保持友好：尽管要坚持原则，但也要保持友好的沟通态度。表达对邻居的理解和尊重，同时也坚定地维护自己的权利和空间。

通过以上建议，你可以拒绝邻居多次请求你帮忙看孩子，同时也提醒邻居尊重他人的时间和安排，以及寻找更合适的解决方案。这样可以帮助你维护自己的个人空间和时间，同时也保持与邻居的良好关系。

chapter 3

边界感和分寸感

家庭关系的复杂性是人类社会中普遍存在的现象。家人之间的亲密关系和依赖往往伴随着情感的复杂性和矛盾。尽管家人在我们生活中扮演着重要的支持角色，但有时候他们也可能会出现利用的情况。

家庭成员之间的利用可能源于各种因素，如权力关系、经济因素、情感需求等。有时候，某些家庭成员可能会利用他人的善良或者依赖心理来谋取私利，这可能会导致家庭关系中的紧张和不和谐。

在面对家庭成员的利用时，建立健康的沟通和边界是非常重要的。坦诚地表达自己的需求和感受，同时也要学会拒绝不合理的要求，保护自己的权益和尊严。同时，也要尝试理解家人的动机和需求，寻求建设性的解决方案，促进家庭关系的和谐与稳定。

尽管家人之间可能存在利用的情况，但家庭仍然是我们生活中重要的支柱和依靠。通过尊重、理解和支持彼此，我们可以共同创造一个温馨和谐的家庭环境，让家庭成员之间的关系更加牢固和美满。

您无须为亲人们的快乐负责。一个人不可能为家庭中每个人承担一切。记住这一点，当您需要说“不”时，就不必那么紧张了。在本章中，一系列故事和情境将帮助您学会如何拒绝亲人的请求。

父母或岳父母设下的“陷阱”

父母或岳父母的设立界限、学会拒绝的挑战在于，他们可能一直教育你做一个顺从、有礼貌且听从他们的人。多年下来，你已经形成了顺从父母的习惯。然而，随着时代变迁，你已经成年，可能还有了自己的家庭。

你不再需要成为对父母言听计从的孩子才能快乐。摆脱父母不断的要求后，你会成为一个更快乐的人。很多成年子女害怕与父母产生冲突或不愿引起矛盾，因而可能忽略了其实他们完全可以拒绝父母的要求和命令。

几乎没有成年子女会去侮辱、伤害或者不尊重他们的父母。但是，父母或许会不断给你建议、保护你，并认为他们知道对你最好。你可能循着这样的思维定式生活，因为父母要求你无论如何都要顺从，不可违背他们。即使他们不在身边，你也觉得他们的影响无处不在——不管父母何时提出要求，你总是必须顺从。

我们也会对待公婆（岳父母）产生类似的感觉。两个家庭的结合，让姻亲也加入了你的生活。在你出现之前，他们的家庭按照自己的方式相处。尽管他们喜欢你（或者他们这么说），但他们更关注自己的儿子或女儿。你的出现无疑在他们之间造成了变化。他们或许不太习惯这种改变。因此，公婆（岳父母）就像父母一样，如果你不加以阻止，他们也会参与你的生活。

你可以预见到父母和公婆（岳父母）可能带来的情况和问题。在这些情况下，想象自己拒绝他们的场景，给自己打打气。在需要拒绝的时候大胆说“不”，即使父母或公婆（岳父母）不常打扰你，反复拒绝也有助于你保持独立和让他们明白你已经能够照顾自己，不再完全依赖他们，也不再是他们生活中的中心。经历几次拒绝后，他们就不会再期望过多干涉你的生活。

场景分析：你妈妈对你住得离她这么远感到不高兴，想要远程帮你装饰房子。她的关心逐渐演变为直接干预。你的橱柜里堆满了她寄来的东西，尽管那些物品与你的品味不符。

提　　示：接受她购买的东西可能会让妈妈感到高兴，但这会导致自己住在摆满各种不符合自己品味东西的房子里。先表示感谢，缓和气氛，之后再坚定地告诉她你不需要新物品，有什么需要自己可以安排好的。

当你跟妈妈在视频通话时，她看到了你身后的窗帘，妈妈热心地按照她自己的审美直接干预你的装饰，可以尝试以下对话。

妈妈：噢，宝贝，我看到你背后的窗帘了！怎么选这种颜色的？太暗沉了，完全不适合你的房间。

你：妈妈，这是我喜欢的风格，我觉得挺好的。

妈妈：但是明亮的颜色可以让房间变得更加清新和有活力，你不觉得吗？而且，我觉得粉色会让整个房间看起来更加温馨和女孩子气。

你：嗯，谢谢妈妈的建议，我会考虑一下的。不过我现在还挺喜欢这个颜色的，等什么时候看腻了，再换一个别的颜色。

妈妈：好好好，只是建议而已，你自己喜欢就好。不过记得多注意居家装饰，这样会让房间更有格调哦。我最近逛街看见一个小桌子，对你来说非常实用，放在角落还能装不少东西，我给你买下来吧？

你：谢谢妈妈，我想我最近不需要这样的大件物品，房间已经很拥挤了，东西也都有地方收纳，等什么时候需要再添置也来得及，谢谢妈妈的好意。

在这种情况下，你可以委婉地表达你自己的想法，同时尊重并感谢你妈妈的建议和关心。以下是一些建议。

表达感激：首先，表达对妈妈关心和帮助的感激之情，让她知道你很感谢她的建议和努力。

分享你的想法：以积极的方式分享你自己的装饰理念和审美观点。解释你喜欢的风格或者你认为适合你的住处的装饰方式。

寻求妥协：尝试与妈妈达成妥协，可以提出一些折中的方案，比如保留一部分她喜欢的元素，同时加入一些你喜欢的装饰。

尊重她的意见：尽量避免直接拒绝或批评她的建议，而是尊重她的意见并试图找到共同的解决方案。

沟通是关键：保持开放的沟通渠道，让妈妈知道你愿意倾听她的建议，但也希望能够在自己的住处中展现个人风格和喜好。

寻求第三方帮助：如果沟通困难，也可以考虑寻求家庭成员或者朋友的帮助，让他们帮忙在你和妈妈之间进行调解。

记住，尊重和理解是解决这类问题的关键。通过坦诚和尊重的沟通，你可以找到一个让双方都满意的解决方案，避免伤害到彼此的感情。

场景分析：当你因生活忙碌而不得已忽视父母时，匆忙回家一趟看望他们，可他们还是感到像你已经不回家一样沮丧。

提　　示：无须找借口。有时候，你有权过一种没有父母、公婆（岳父母）或其他亲戚打扰的生活。

当父母总是抱怨你不常回家陪伴他们，频繁打扰你的生活时，可以尝试以下对话。

父母：（焦急地）孩子啊，你最近怎么这么忙啊？我们好久没见到你了。

子女：（略带无奈）妈，爸，我这段时间工作特别忙，每天都要加班，真的很累。

父母：可是你都好久没回家看看我们了，我们都好想你啊。你不回来陪陪我们，我们在家特别无聊。

子女：我知道你们想我，但我真的很忙，只有周末才能稍微休息一下。工作压力很大，我需要时间调整自己。

父母：可是孩子，你不常回家，我们总是担心你。你看看你，工作再忙也要顾及家人的感受啊。

子女：我也很想回家看看你们，但我真的没有时间。而且即使回来，你们总是围着我转，让我感觉没有自由。

父母：我们围着你转是因为我们爱你啊，我们想和你在一起。你不回家，我们只能频繁打扰你，让你感受到我们的思念。

子女：我知道你们爱我，但我也需要自己的空间和时间。希望你们能理解我的工作压力，也给我一些支持和空间。

父母：好吧，孩子，我们会尽量理解你的工作需要，但希望你也能多考虑我们的感受，多回家看看我们。

子女：好的，我会尽量安排时间回家看你们的，也会多和你们沟通，让你们了解我的情况。我很爱你们，等这段时间忙完，我会安排一次全家的出游，这样就可以在一起多待几天好好说说话了。

很多父母总是围着孩子转，几乎没有自己的生活，成年后，当父母总是说我不常回家陪伴他们、频繁打扰我的生活时，我该怎么拒绝他们又不伤他们的感情呢？这是一个很常见的问题，处理家庭关系需要一定的沟通技巧和敏感度。以下是一些建议，希望能帮助你更好地处理这种情况。

倾听和理解：首先要倾听父母的感受和需求，理解他们为什么会有这样的期望和要求。表达对他们的关心和理解，让他们感受到你的爱和尊重。

坦诚沟通：以坦诚的态度和语气与父母沟通，说明自己的立场和需求。可以适当地解释自己的生活和工作情况，让他们了解你的处境和困扰。

设立界限：明确表达自己的个人空间和时间，适当地设立界限。可以提出一些妥协方案，比如每周固定的时间回家或者通过电话视频与他们保持联系。

鼓励独立：鼓励父母培养自己的兴趣爱好和社交圈子，让他们有更多的生活内容，减少对你的依赖感。

寻求第三方帮助：如果觉得自己无法有效沟通或处理这种情况，可以考虑寻求家庭治疗或心理咨询的帮助，专业人士可能会提供更好的建议和支持。

总的来说，尊重彼此的需求和感受是处理这类问题的关键。沟通是解决矛盾和建立更健康关系的基础，尽量以理解和尊重的态度与父母沟通，寻求双方都能接受的解决方案。

场景分析：当你在社交软件上发布一张自己美美的照片时，父母总是对你的穿着发表武断评论，仿佛你还是个十几岁的孩子。你不想再卷入无意义的争吵，但内心感到愤怒。

提　　示：你有权在网络上设立界限。或许你的妈妈会对你的反应感到惊讶，但你需要明确传达这一信息：不要在公开场合批评我。请认真考虑是否应该让父母看到你在脸书上的帖子。

爸妈以关心为名、主观地在社交媒体上对你的穿着直接发表武断又固执己见的批评，对此你很伤心又很无力，可以尝试以下对话。

你：妈妈，爸爸，我知道你们关心我，但是最近我在社交媒体上收到了一些关于我的穿着的批评，让我感到很受伤。我希望你们能够理解，我希望自己能够有更多的自由去表达自己，包括穿着的风格。

父母：我们只是担心你会受到别人的误解或者影响到你的形象，所以才会提出一些建议。

你：我明白你们的用心，但是我也希望能够有权利去做自己喜欢的事情。我希望你们可以尊重我的选择，即使我们有不同的看法。我会尽力保护自己的形象，同时也希望能够保留一些属于自己的空间。

父母：我们会尽量不过多干涉你的私生活，但是希望你也能够理解我们是出于对你好才提出建议的。

你：谢谢你们的理解，我会更加注意自己的形象，同时也希望我们之间能够有更多的沟通和理解。

这段对话中，你表达了自己的想法并且尊重了父母的关心，同时也提出了希望他们能够尊重你个人的选择和空间。这样的沟通可以帮助缓解双方的矛盾，建立更好的互相理解和尊重的关系。希望这段对话示例对你有帮助。

这种情况下，你可以试着以一种尊重和理解的方式表达你的感受，同时坚定地表达你的立场。可以尝试以下建议。

坦诚沟通：在一个平静的时刻，找一个合适的机会，坦诚地和父母沟通你的感受。你可以说出他们的行为让你感到受伤和无力，希望他们能够理解你的立场。

表达感受：告诉他们你希望他们能够支持你，而不是批评你。说明你欢迎建设性的意见和建议，但不希望他们在公开平台上直接批评你的穿着。

设立界限：清楚地告诉他们你的社交媒体是你个人的空间，希望他们尊重你的隐私和个人选择。你可以请求他们在私下里提出意见，而不是在公开平台上。

感谢和肯定：在表达你的立场的同时，也不要忘记感谢他们对你的关心。强调你知道他们的用心是好的，但你希望他们能够以更加尊重和支持的方式表达。

寻求妥协：尝试寻求一个双方都可以接受的妥协。也许你可以定期和他们分享一些你的穿着，以便他们能够在私下提出建议，而不是在公开场合。

耐心和理解：改变需要时间，父母也许需要一些时间来适应你的请求。耐心地与他们沟通，展现出你的理解和尊重，有助于建立更好的沟通和关系。

最重要的是，保持冷静和尊重，在沟通中展现出理解和爱意，这样有助于避免伤害彼此的感情，同时也能够有效地表达你的想法和需求。

场景分析：祖父母对孩子们既慷慨又溺爱。而你正在教导孩子们尊重金钱，理解金钱的重要性。过于奢侈的礼物可能会影响孩子们正确的金钱观念。

提　示：善意的祖父母（或其他亲戚）可能在你给孩子灌输价值观的过程中起到反作用。你可以先称赞他们的提议，然后以老练而圆滑的方式拒绝他们。

当你的父母计划给你的孩子们准备一份过于奢侈的礼物，比如iPad，而你正在教导孩子们尊重金钱，理解金钱的重要性，你和父母在孩子的教育问题上再次产生了分歧，可以尝试以下对话。

父母：亲爱的孩子们，我们决定给你们每人准备一台全新的iPad作为礼物！这样你们可以更好地学习和娱乐。

你：爸爸，妈妈，我觉得这份礼物太奢侈了。虽然iPad很不错，但我认为我们应该教育孩子们尊重金钱，理解金钱的重要性，而不是用昂贵的礼物来满足他们的需求。

父母：但是孩子们喜欢iPad，这样可以让他们更好地学习和玩耍。

你：我同意iPad可以带来很多乐趣和学习机会，但我认为我们应该教育孩子们知道任何东西都不是随便可以得来的，并且要让他们珍惜金钱。我们可以选择其他更实用和适当的礼物来鼓励他们。

父母：我们明白你的意见，但我们认为这是一次特殊的奖励，可以激励孩子们更加努力学习。

你：我建议我们可以找一种平衡，可以给孩子们一个小额的奖励，同时和他们讨论金钱的重要性，教育他们如何理性地管理金钱。

父母：好吧，我们会考虑你的建议。谢谢你提醒我们孩子们教育的重要性。

通过这样的对话，你和父母可以达成共识，找到一个既能激励孩子们又能教育他们金钱观念的方式。

这种情况下，你可以尝试以下方式来拒绝父母过于奢侈的礼物，同时照顾到他们的感受。

表达感激和理解：首先，对父母慷慨的心意表示感激，让他们知道你明白他们的用心良苦。

分享自己的价值观：坦诚地分享你对金钱和教育的看法，解释为什么你认为适度的消费和理性的教育更为重要。

提出建议：提出一些替代性的礼物或教育方式，例如一本启发智慧的书籍、一次有意义的户外活动或者参加某项教育课程。

强调家庭教育一致性：强调家庭教育的一致性对孩子的成长至关重要，希望父母能够支持你的教育理念。

尊重父母的决定：尊重父母的意愿，但坚定地表达自己的想法。试图达成一个双方都可以接受的妥协。

沟通和理解：在沟通中保持冷静和理解，尽量避免情绪化的对话，让双方都能够理解对方的立场。

通过以上方式，你可以拒绝父母的奢侈礼物，同时尊重他们的感受，展现出你对教育的重视和对家庭关系的尊重。

摩擦与亲情：兄弟姐妹间的互动

兄弟姐妹之间的关系是多变的，有的像朋友般亲密，有的则常常争吵，有的则相互扶持成长。有时，年幼时的矛盾会随着时间的流逝而消逝，但有时也会留下遗憾。

无论兄弟姐妹间的关系如何，童年时期的互动常常会影响到日后的感情。当兄弟姐妹向你提出请求时，无论出于关心还是出于自私，你对待这些请求的方式将直接影响你的生活和你们之间的情感纽带。

场景分析：父亲准备过七十大寿，姐姐再一次不顾你的意见，独断专行地安排着这次大寿的分工，虽然她擅长安排，你也常听从她的安排，但看到信息后，你担心聚会可能与你期待的不同。

提　　示：兄弟姐妹有时并不会意识到自己的自信可能让人感到困扰。看到信息后最好与他们交流，让他们了解你的想法，共同打造爸爸的生日派对。

当姐姐再次独断专行地安排着父亲七十大寿的分工时，你可以选择表达出自己的想法和建议，可以尝试以下对话。

姐姐：我已经安排好了父亲七十大寿的分工，你负责准备食材和菜单，我来负责场地布置和邀请客人。

你：等一下，姐姐，我们能不能再商量一下？我觉得这次的准备工作应该是我们共同商量决定的，你也可以听一下我的意见。

姐姐：我已经考虑周全了，你只需要按照我的安排去做就可以了。

你：我明白你的用心，但是我觉得我们应该平等地参与这次活动的筹备工作。我有一些想法和建议，希望我们可以一起讨论，共同制订一个更完善的计划。

姐姐：但是我已经花了很多时间和精力在这个计划上了，你不需要再添乱。

你：我并不是想添乱，我只是希望我们能够一起合作，共同努力让这次活动更加成功。我们是为了父亲的生日，应该团结合作，而不是一个人独自承担所有责任。

姐姐：好吧，如果你有什么建议，那就说出来吧。

通过坦诚地表达自己的想法和建议，你可以促使姐姐重新考虑并与你合作制订更好的计划，共同为父亲的七十大寿办一场难忘的活动。

在这种情况下，你可以尝试以下方法来与你的姐姐沟通和解决分歧。

坦诚沟通：找一个适当的时间和地点，坦诚地和姐姐谈谈你的想法和感受。表达你希望能够共同商讨、协商分工的意愿，而不是被动接受她的安排。

尊重彼此：强调彼此之间的平等和尊重，说明你也希望参与并承担责任，而不是完全被动接受分工安排。

提出建议：提出你自己的想法和建议，解释为什么你觉得这样的分工更合适或更能够让父亲感到开心。可以尝试提出一些具体的计划或方案。

寻求妥协：如果姐姐仍然坚持她的想法，可以尝试寻求妥协，找到双方都可以接受的解决方案。可以考虑分工均衡或者部分接受她的安排。

寻求外部帮助：如果无法在家庭内部解决分歧，可以考虑寻求家庭长辈或其他亲友的帮助，让他们作为中立的调解者来协助解决矛盾。

最重要的是保持冷静和理性，尊重彼此的想法和感受，以合作和理解的态度解决分歧，让父亲的七十大寿成为一个美好的回忆。

场景分析：自从你妹妹在医院看到刚出生的宝宝后，她就一直在设想如何在互联网上展示宝宝。你有自己的理由不想在网上分享孩子的照片，但她希望能够给大家展示一下宝宝可爱的一面。

提　　示：如果你不想在社交媒体上分享宝宝的照片，那就坚决地说出来，妹妹可能会觉得你很古怪，但不要因为她对你的选择提出质疑而改变自己的看法。

当你的妹妹在医院看到你的宝宝后，她就一直想要在网上分享孩子的照片，但你并不想她这样做，可以尝试以下对话。

妹妹：哇，姐姐，你的宝宝太可爱了！我可以把他的照片分享在我的社交媒体上吗？大家一定会喜欢的！

你：嘿，谢谢你喜欢他！但我其实不太想在网上分享他的照片。

妹妹：为什么？他这么可爱，分享出去让更多人看到多好啊！

你：我知道他很可爱，但我希望能够保护他的隐私，你也知道现在各种不法分子会在网络上寻找各种机会，我不想让刚出生的孩子陷入这种危险中。而且他还太小，无法做出自己的选择。等他长大了，他可以自己决定要不要在网上曝光。

妹妹：可是大家都想看看他，他会成为小网红的！

你：我明白大家的好意，但我更在乎他的隐私和安全。希望你能理解我的想法。

妹妹：好吧，我明白了。我会尊重你的决定，不会在网上分享他的照片。

你：谢谢你的理解，妹妹。我们可以在家里珍藏他的照片，等他长大了，再和他一起决定要不要分享给大家。

这个情况可能让你感到尴尬，但是你可以通过以下方式来委婉地拒绝你妹妹并让她理解你的想法。

诚实沟通：首先，坦诚地表达你的想法是很重要的。告诉她你不希望宝宝的照片在网上被分享，因为你希望保护孩子的隐私和安全。

分享担忧：与她说明你对在互联网上分享儿童照片可能带来的风险和后果的担忧，比如隐私泄露、不明身份的人获取照片等问题。

尊重她的感受：表达你理解她想要在网上分享孩子照片的喜悦，但也希望她能够尊重你的决定和意愿。

提出替代方案：如果她想要和朋友分享孩子的照片，可以建议她使用私密的方式，比如私下发送照片给亲朋好友，而不是在公开的社交媒体上发布。

强调重要性：强调保护孩子的隐私对你来说非常重要，希望她能够理解并支持你的决定。

通过诚实、尊重和理解，相信你的妹妹会明白并接受你的决定，最终达成共识。

场景分析：你和妹妹关系亲近，但觉得她把你当成“员工”。以前，你不介意——帮她做作业、为她的新家置办物品、解决情感问题，但她现在连自己能做的事情也找你帮忙。

提　　示：兄弟姐妹之间的基本互动，如果过度，会演变成依赖。参与帮助可以避免重大错误，但退一步能鼓励她更加独立。

当你的妹妹过度依赖你，有时几乎把你当成她的员工，连她自己能做的事情也找你帮忙，你不想再惯着她，她已经长大了，希望她能独立一些，可以尝试以下对话。

妹妹：哥哥，你能帮我把这个文件打印出来吗？我不太会弄。

你：这个其实很简单，你可以试着自己操作一下，这样下次就能独立完成了。

妹妹：可是我怕弄错了，你帮我一下嘛。

你：我知道你能做到的，只是需要多练习一下。如果一直依赖我，你就不会学会。试着自己做一遍吧，我相信你可以的。

妹妹：但是你帮我这么方便，我就不用费劲了。

你：我很乐意帮助你，但是我也希望你能学会独立处理一些事情。这样对你以后会更有帮助。

妹妹：好吧，我试试看吧，如果真的不行再找你。

你：没问题，我相信你会做得很好的。记得，遇到问题先自己尝试解决，然后再考虑寻求帮助。这样你会变得更加独立和自信。

这种情况可能需要你采取一些措施来帮助你的妹妹更独立地处理自己的事务。以下是一些建议。

明确表达你的感受：和你的妹妹坦诚相见，告诉她你的感受，让她了解你希望她更独立一些的想法。强调这并不是因为你不愿意帮助她，而是希望她能够自己解决一些问题，这对她的成长和发展更有益处。

设定界限：明确告诉她哪些事情是她应该自己处理的，哪些事情是她需要自己努力学习和解决的。帮助她建立独立性和自信心。

鼓励她尝试：当她遇到问题或需要帮助时，不要立刻解决，而是鼓励她自己尝试解决。给予她信心，让她知道自己有能力应对挑战。

提供支持和指导：虽然你希望她更独立，但也要表明你仍然会支持她。给予她建议和指导，但不要代替她去做事情。

耐心和理解：这个过程可能需要一些时间，所以要有耐心。理解她可能会有抗拒情绪，但坚持让她独立完成一些任务。

通过以上方法，你可以帮助你的妹妹逐渐独立起来，并让她明白你的用心良苦。这样做不仅有助于她个人的成长，也能改善你们之间的关系。

场景分析：你的一个兄弟或姐妹打来电话，请求你全额支付父母新车、机票或假日礼物的费用。他们知道你经济宽裕，是家人们的财务支柱。

提　　示：坚持费用分担或妥协以达成公平解决方案，这才是实现你期望的让每个人都贡献的途径。拒绝独自承担所有费用是解决问题的唯一途径。当你觉得兄弟姐妹更爱你的钱胜过爱你本人时，你应该停止对这个家庭的经济支持。

对当你的一个兄弟或姐妹打来电话，请求你全额支付父母新车、机票或假日礼物的费用，他们知道你经济宽裕，是家人们的财务支柱，但你表示不能总是独自承担全部费用，可以尝试以下对话。

我：喂，怎么了？

兄弟/姐妹：嗨，你好！听说你最近挺忙的，生意做得不错，我想跟你商量一件事。

我：当然，说吧，有什么事情？

兄弟/姐妹：爸妈最近想换辆新车，还有计划去旅行或者度假，所以你能负担一些费用吗？

我：我很愿意帮助家人。不过，我认为我们应该共同分担家庭开销，而不是让我独自承担全部费用。我可以提供一部分支持，但不能总是独自承担所有费用。

兄弟/姐妹：但是你的经济状况比我们好很多。

我：我也有自己的财务规划和责任，承担父母的大项开支，是每个子女都应该做的，而不能因为我挣得多就承担得多。我愿意帮助家人，但希望我们可以共同商讨如何分担这些费用，让每个人都承担一部分。

兄弟/姐妹：好的，我理解你的想法，我们可以再商量一下。

我：是的，我很高兴我们可以坦诚地沟通，一起找到一个对每个人都公平的解决方案。

电话结束，我感到一种家人之间理解和支持的温暖，知道无论发生什么，我们都会共同面对和解决。

这是一个敏感的情况，因为涉及家人之间的关系和金钱问题。在拒绝他们的请求时，你可以诚实地表达自己的想法和感受，同时试图让他们理解你的立场。以下是一些可能有用的方式来拒绝他们的请求并获得理解。

坦诚沟通：表达你的感受，诚实地告诉他们你目前的财务状况和承担能力。强调你也有自己的经济责任和限制。

提供部分帮助：虽然你可能无法承担全部费用，但你可以提出提供部分帮助或寻找其他解决方案，比如一起分担费用或者帮助他们找到更经济实惠的选择。

强调共同责任：强调家庭中每个人都应该承担责任，而不是让一个人独自承担所有费用。提醒他们家庭是一个团队，大家应该共同努力。

建议理财规划：建议他们制定自己的财务规划，帮助他们更好地管理自己的财务，而不是依赖他人的资助。

表达关心和支持：表达你对他们的关心和支持，即使你不能提供经济援助，你仍然愿意在其他方面支持他们。

通过以上方式，你可以在拒绝他们的请求的同时，让他们理解你的立场，维持良好的家庭关系。

场景分析：你在健身房发布了一张普通的自拍照，你的哥哥看到后在评论中用小时候给你起的外号调侃你。由于你一直在为体重问题努力，而他天生瘦削，他的评论触及了你的敏感点。尽管你们成年后的关系不错，但他的言论依然让你感到不快，你需要告诉他你的感受。

提　　示：避免与那些不在乎你感受的评论者争吵，或者听之任之。直接告诉他们，他们会收敛自己的行为。

当你在健身房发布了一张普通的自拍照，你的哥哥看到后在评论中用小时候给你起的外号调侃你，他的言论让你感到不快，你需要告诉他你的感受。可以尝试以下对话。

你：嘿，我看到你在我的健身房自拍照下面的评论了。我知道你是开玩笑，但是用小时候的外号调侃我让我感到有点不舒服。

哥哥：哈哈，别生气啦，我只是开玩笑的。你看那张照片上的表情，太好笑了。

你：我知道你是开玩笑的意思，但是有些话还是会触及到我的敏感点。我在努力锻炼，希望得到支持和鼓励，而不是被拿来取笑。

哥哥：抱歉，我没有想到会让你不开心。我会注意一下以后的评论，不会再用那个外号了。

你：谢谢你能理解。我知道你是开玩笑的，但有些话还是会影响到我。希望我们之间能够相互尊重彼此的感受。

哥哥：当然，我会注意的。对不起让你不开心了，我以后会注意的。

通过这样的对话，你可以表达出你的感受，并且让你的哥哥意识到他的言论对你的影响。这有助于建立更好的沟通和相互尊重的关系。

当面直接沟通是解决这类问题的最佳方式。你可以尝试以下方法来拒绝哥哥的调侃并让他理解并尊重你。

表达自己的感受：首先，告诉哥哥他的评论让你感到不舒服或不开心，强调你的感受是真实的，并且很重要。

指出问题：明确告诉哥哥他的言论是不尊重和不合适的，说明这种调侃对你来说是伤害的。

请求尊重：请求哥哥尊重你的感受和隐私，不要在公共场合或社交媒体上公开调侃你。

提出建议：建议哥哥在与你交流时避免使用那些可能会让你感到不快的外号或调侃。

寻求理解：尝试让哥哥了解你的立场，希望他能够体谅并改变自己的行为。

强调重要性：强调在家庭和兄弟关系中尊重彼此的重要性，以及尊重个人边界的重要性。

坚定立场：如果哥哥继续这种行为，要坚定地维护自己的立场，并严肃地告诉他这是不可接受的。

通过坦诚的沟通和明确的表达，希望你能够与哥哥建立起相互尊重和理解的关系。

亲爱的家人们

在家庭中，你以勤劳和热心著称，被誉为忠实的“家族超人”。你乐意为大家购买礼物、送花，当有人生病时，你会前去医院探望；家中遇到技术难题，你总是乐意出手相助；你会为大姑妈购买日常用品，处理各种紧急情况也在你的责任范围之内。

亲戚普遍认为只要有事情发生，你就会挺身而出，承担主导或处理必要的事务。甚至有可能，你自己也已经深信，若非你出面，许多事情将无人问津。你是否时常感觉自己是家族中唯一可靠的成年人？而问题在于，你们全家似乎也都这样认为。

对待那些不像你父母、配偶和兄弟姐妹那样亲近的亲戚时，你会感到更多责任和礼貌。当这些“其他亲人”变得特别烦人时，拒绝他们的请求，你可能会感到轻松一些——尤其是当这些请求看似只是个别人的需求时。

父母和兄弟姐妹更可能是无条件爱的源泉，即使你拒绝了他们或改变了传统，他们依然会像最初那样爱你。但对于堂兄弟姐妹、堂兄弟姐妹的兄弟姐妹、小姑嫂子或小叔小舅子、阿姨舅舅等亲戚而言，保持积极亲近的关系就更为困难。当你因未能帮助他们而感到内疚时，这应当引起你的警觉。若你频繁答应每位亲戚的请求，最终你可能会感到自己被利用。你可以在家庭中保持自尊，同时适时地拒绝那些“其他亲戚”的请求。

场景分析：尽管尝试了各种减肥方式却未见成效，你不想在家庭聚会上与小姨讨论减肥。她苗条的身材已经让你感到自卑（特别是在看到自己的身材时），而且更糟糕的是，她还试图说服你尝试她的减肥方法。

提　　示：明确表明你不想讨论的话题可以避免他人提及让你感到不舒服的话题。

当你尝试了各种减肥方式却未见成效，而你的小姨在家庭聚会上见到你时却总是跟你讨论减肥的事情，她还试图说服你尝试她的减肥方法，你很无奈，你希望她不要再跟你讨论这件事情，可以尝试以下对话。

小姨：噢，亲爱的，你看起来又圆润了一些啊！我最近试了一个新的减肥方法，效果真的很好，你也应该试试看！

你：哦，是吗？我尝试过很多方法，但似乎效果都不是很明显。

小姨：哎呀，你一定是方法不对。我这个方法特别适合你，你得试试才知道。

你：其实，我已经尝试过很多种减肥方法了，包括控制饮食、运动等，但效果都不尽如人意。也许我就是天生丰满型的吧。

小姨：不要这么消极嘛！你只要坚持下去，一定会看到效果的。我可以帮你制订计划，每天给你打电话提醒，这样你就不会放弃了。

你：小姨，其实我对减肥已经有些疲倦了，每次家庭聚会都被你提起这个话题，我希望我们可以聊些其他的事情，不要再谈论减肥了，好吗？

小姨：哎呀，好吧，我知道你是为我好。不过，只要你一有意愿，我随时可以帮你哦！

你：谢谢你的关心，我会考虑的。现在我们换个话题吧，聊点开心的事情怎么样？

如果你不想继续和小姨讨论减肥的话，可以试着委婉地表达你的想法，让她知道你不希望再谈论这个话题。以下是一些建议。

坦诚沟通：在私下的时候，可以坦诚地告诉小姨，你很感激她的关心，但是你不想再谈论减肥的事情。表达你希望她能理解你的想法。

转移话题：当小姨提到减肥时，可以巧妙地转移话题，讨论其他感兴趣的话题，比如工作、旅行、电影等。

感谢并拒绝：可以礼貌地感谢小姨的建议，但是坚定地表明你已经尝试过很多方法了，目前不想再尝试新的减肥方式。

设定界限：如果小姨继续坚持谈论减肥，可以坚定地告诉她你不想再讨论这个话题，希望她能够尊重你的决定。

寻求支持：如果你觉得很难和小姨沟通，也可以寻求其他家人的支持，让他们帮忙转移话题或者提醒小姨不要再提及减肥。

总的来说，重要的是要以礼貌和坦诚的态度表达自己的想法，同时也要坚定地维护自己的界限，让小姨明白你的立场。

场景分析：作为一名英语老师，你的堂姐总是让你帮她的女儿补习或者修改论文，你能理解堂姐和她女儿的紧迫感，但你下周一还需要批改60篇作文，时间紧迫。她们本可以更早联系你，但却拖到了现在。如果你拒绝，她们会认为你自私吗？

提　　示：她们的紧迫并不代表你的紧迫。如果愿意，可以告诉她们下次提前联系你，以便你有足够的时间。

你的堂姐给你发信息，请你帮她女儿审阅一下论文，论文明天必须交，否则就无法申请奖学金了。你能理解堂姐和她女儿的紧迫感，但是你也有自己的紧迫的事情要做，她们明明可以早一些跟你说这个事情，却拖到了现在，可以尝试以下对话。

堂姐：嗨，我最近真是太忙了，所以现在才联系你。不好意思打扰你，但我女儿的论文明天就要交了，我想请你帮忙审阅一下，可以吗？

你：我理解你们的紧迫情况，但是我最近也有一些紧急的事情要处理，时间比较紧张。你们为什么不早点告诉我呢？我觉得现在可能来不及了。

堂姐：实在是抱歉，我们这边也是最近才赶上的。但是这篇论文对她的奖学金申请非常重要，希望你能帮帮忙。

你：我很为难，因为我实在是没有太多空闲时间。或许你们可以考虑找其他人帮忙审阅？可能会更保险一些。现在也有很多可以支付费用帮你修改论文的软件，那也是一个不错的选择。

堂姐：哦，好吧，我明白了，我会尽快找其他人帮忙的。

你：希望你们一切顺利，我也可以尽力帮忙推荐其他人给你，仅需支付一点点劳务费就行。

这种情况下，最重要的是要坦诚地表达你的困难和疑虑，同时尽力给予帮助或提供解决方案。以下是一些你可以采取的方法。

坦诚沟通：回复堂姐时，诚实地表达你目前的情况和时间紧迫性。说明你也有自己的事情要处理，但会尽力帮忙。

提供建议：你可以建议堂姐和她女儿寻求其他人的帮助，比如老师、同学或专业写手，以确保论文及时完成。

限制审阅时间：如果你决定帮忙审阅论文，可以设定一个明确的时间限制，比如只能在某个时间段内审阅，以确保不会耽误你自己的事情。

寻求妥协：如果可能的话，尝试与堂姐商量是否可以延期提交论文或寻找其他解决方案，以减轻你的压力。

表达友好：无论你做出什么决定，都要确保以友好和理解的态度沟通，避免伤害到堂姐的感情。

总的来说，重要的是保持沟通畅通，坦诚表达自己的难处，同时尝试寻找解决方案，以确保不会伤害到关系。

场景分析：每当家里添置新的游戏设备、烧烤装备或高清电视时，亲戚总会前来光顾，毫不客气地使用你们的物品，仿佛这是他们自己家一样。起初，你觉得亲戚来家里玩挺好的，但慢慢地，你开始觉得自己的家变得像个娱乐中心或餐馆。

提　　示：为避免家庭矛盾，可以寻找一种委婉的方式直接拒绝亲戚。建议亲戚也贡献一些东西，传达相处需要公平的信息。

当你的堂姐看到了你在网上分享的孩子们在新蹦床上玩耍的照片后，立刻发来信息说要带着她的孩子来玩，她毫不客气地使用你们的物品，仿佛这是她自己家一样，你很无奈，想要委婉地拒绝他们，可以尝试以下对话。

你：嗨，堂姐！谢谢你喜欢我们在新蹦床上的照片，孩子玩得很开心。

堂姐：是啊，他们看起来玩得很开心！我正好想带我的孩子来玩，你们家的蹦床看起来很棒，我们什么时候可以过来？

你：嗯，其实这个蹦床是我们家最近刚刚购买的，我们还在适应和保养阶段，可能暂时不太方便让其他人使用，如果发生安全问题，对大家都不好，希望你能理解。

堂姐：哦，那样啊，我完全理解。不过我们只是想和你们一起玩玩，也不会弄坏的。你们不用担心。

你：谢谢你的理解。不过因为一些安全和保养方面的考虑，我们还是希望在这段时间内先保持家里的安静状态。也许等我们熟悉了蹦床的使用方法，我们可以一起安排个时间。

堂姐：好的，我理解。那我们等你们准备好了再来玩吧！谢谢你们的体谅。

你：没关系，谢谢你的理解和支持！我们一定会尽快安排好的。感谢你的理解！

拒绝家人的请求可能是一件棘手的事情，但是在处理这种情况时，可以尝试以下方法来委婉地拒绝。

直接沟通：诚实地表达你的想法和感受。你可以说："很抱歉，我们现在并不方便让其他人使用蹦床，希望你能理解。"

解释原因：说明为什么你无法满足她的请求。你可以提到家里的规定、安全考虑或者其他计划。

提出替代方案：如果可能的话，可以提出其他的活动或者建议，以示善意。比如邀请她们一起去公园玩或者参加其他活动。

坚定立场：在表达拒绝时要坚定，但同时也要友善。不要让自己感到内疚或者不安，因为你有权利保护自己的边界。

保持尊重：尽量避免伤害她的感情，表达拒绝的同时要尊重她的想法和感受。

总的来说，在拒绝堂姐的请求时，重要的是坦诚、尊重和坚定自己的立场。这样可以有效地处理这种尴尬的情况，同时维护好家庭关系。

场景分析：你上次见表妹还是在你十六岁生日派对上。小姨想让她刚毕业的女儿借住在你家，她的请求让你感到压力山大。若答应，表妹和小姨会很高兴，但想到她可能会留宿几个月，你感到烦恼。

提　　示：当你为了取悦他人而放弃自己的自由时，通常会对该人心生怨恨。不如坚持自我边界，避免做出这种牺牲。

当你的小姨想让她女儿去你那儿住一段时间，等她找到工作就搬出去。小姨的请求让你压力山大，因为你跟小姨的女儿并不熟悉，你很乐意帮她找工作，但无法让她搬来和你同住。可以尝试以下对话。

小姨：亲爱的，我最近想跟你商量件事。

你：嗨，小姨，有什么事情吗？

小姨：是这样的，我女儿最近毕业了，正在找工作。我想让她去你那儿住一段时间，等她找到工作再搬出去。你觉得可以吗？

你：嗯，小姨，我真的很理解你的担忧。我很乐意帮她找工作，但是让她搬来和我同住可能有点困难。

小姨：哦，是吗？为什么会有困难呢？

你：其实我们之间并不太熟悉，我觉得如果她住在这里，可能会让我们都感到不自在。而且我也想让她有更多的独立空间，这样她也可以更好地适应新环境。

小姨：我明白你的顾虑，她也不住很长时间的，她现在刚刚毕业，也还没有收入，你作为姐姐的，不应该帮助她一下吗？

你：我可以帮她找工作，提供一些生活上的建议和支持，但是暂时让她住在我这里可能不太合适。我自己也是为了安静和舒适，才花这么贵的租金找到的这个房子。不过，我可以帮忙找一些安全舒适的住处，让她可以专心找工作，怎么样？

小姨：好吧。我跟她商量一下这个建议，希望她能够顺利找到工作。

你：没关系，我会尽力帮助她的。希望她早日找到一份称心的工作。如果有任何需要，随时告诉我。

拒绝家人的请求可能会让人感到困难，但是你可以委婉地表达你的想法，同时保持尊重和理解。以下是一些你可以考虑使用的方式。

感谢小姨的信任：首先，表达你对小姨信任你的感激之情，让她知道你理解她的担忧和期望。

解释困难之处：说明你目前的生活状态或其他原因，让小姨明白你无法容纳额外的居住者。可以提到你的个人空间需求或其他不便之处。

提供其他帮助：表明你愿意提供其他形式的帮助，比如帮助她女儿找工作、提供建议或资源等。这样可以显示你的诚意和愿意支持。

提出建议：建议小姨可以考虑其他住宿选择，比如寻找合适的出租房或宾馆，或者向其他亲友寻求帮助。

保持友好和理解：在拒绝的同时，保持友好和理解，避免伤害到家人的感情。重申你对小姨和她女儿的关心和支持。

总的来说，坦诚、尊重和理解是拒绝家人请求时的关键。通过委婉地表达你的拒绝理由，并提供其他形式的支持，可以帮助缓解局面，并保持良好的家庭关系。

拒绝亲近的人——拒绝伴侣或爱人

在拒绝亲近的人方面，拒绝爱人比拒绝父母更加困难。当爱人提出请求时，你可能会想要帮忙，不愿让对方失望。你可能会在追求对方快乐和避免自己感到困扰之间犹豫不决，有时只是因为你一直在纠结，或者其实并不想答应这些请求。许多情侣会通过短信或邮件进行沟通，这可能导致误解和情绪化的反应。

拒绝爱人或伴侣总是让人感到为难，因为恋人通常很容易妥协。为了避免争吵，弥补你在工作或照顾孩子方面所花时间多于对方的情况，你可能会不断迁就对方，无论对方提出什么要求都尽量满足。或者你认为这样做可以加强你们的关系。然而，长期以来，这种迁就模式会导致关系不平衡，让你感到沮丧。这种情况是危险的。难道不应该学会说“不”，让双方在关系中更平等吗？

场景分析：你在家工作，但你的伴侣不在家。他可能认为你在家工作就应该准备饭菜并摆上餐桌，即使你的工作量与他相当。他的短信简短而带有命令口吻，让你觉得别无选择，只能顺从。

提　　示：如果一直是你在准备晚餐（洗衣服、洗车），那么你需要改变这种模式。解决晚餐或家务问题有多种方法。

当你在家工作，但你的伴侣不在家。于是他在快下班的时候发短信让你给他准备晚饭，他可能认为你在家工作就应该准备饭菜并摆上餐桌，总是理所当然地对你提出做饭等家务要求，你很烦恼，想拒绝又不知道怎么拒绝，可以尝试以下对话。

伴侣：亲爱的，我快下班了，你能给我准备晚饭吗？

你：嗯，抱歉亲爱的，今天我工作任务比较紧，可能来不及准备晚饭了。

伴侣：可是我马上就到家了，饿了一天了，你能不能抽点时间准备一下呢？

你：我知道你饿了，但今天我真的忙得不可开交，而且我也需要一些时间来休息。我们可以一起做晚饭或者点外卖怎么样？

伴侣：可是你在家工作啊，应该有时间做这些事情。

你：我在家工作并不意味着我有很多空闲时间，工作也需要专注和时间。我希望你能理解我的情况，我们可以一起商量解决这个问题。

伴侣：好吧，那我们可以一起讨论一下晚餐的安排，看看怎样能吃到健康营养的晚饭，我们也不会太累。

你：我们一起商量一下晚饭的事情吧。

这样的情况可能会导致沟通不畅和不平衡的家庭责任分配。为了解决这个问题，你可以考虑以下几点。

坦诚沟通：首先，和你的伴侣坦诚地谈谈你的感受和困惑。说明你在家工作并不意味着你就应该全权负责家务，而是需要合理分配责任。

制订家务分工计划：一起商讨并制订家务分工计划，让每个人都清楚自己的责任范围，可以根据各自的时间和能力来分配家务任务。

尊重和理解：相互尊重对方的工作和劳累程度，理解彼此的处境和需求。不要以为在家工作就意味着有更多时间和精力来处理家务。

共同参与：家务不应该只是一个人的责任，而是全家共同参与的事情。鼓励彼此互相支持，共同营造和谐的家庭氛围。

设立界限：如果伴侣的要求让你感到不适，可以适当设立界限并提出自己的需求，让双方都能理解对方的立场。

通过沟通、理解和合作，你们可以共同解决家务分工和沟通问题，建立一个更加和谐和美满的家庭关系。

场景分析：每次吃饭时，你的伴侣总是把手机放在餐具旁边。他一直盯着手机，从未和你对视或直接交谈。起初你并不介意，但他沉迷手机游戏让你觉得你们之间缺乏交流，不像是夫妻。你知道游戏对他很重要，但这让你感到不快。

提　　示：也许你的伴侣太专注于游戏，以至于没有意识到你感到被忽视和孤立。研究显示，在不合时宜使用手机时，使用者会觉得自己的社交联系变弱，不如停下来与他人面对面交流来得重要，因此要注意手机使用的时机，避免让对方感到被忽视。

每次吃饭时，你的伴侣总是把手机放在餐具旁边。他一直盯着手机，从未和你对视或直接交谈，你觉得你们之间缺乏交流，不像是夫妻。又不知道如何表达不伤害彼此的感情，可以尝试以下对话。

你：亲爱的，我想和你谈谈一个我一直在意的事情。

伴侣：当然，亲爱的，有什么事情？

你：每次我们一起吃饭的时候，我发现你总是把手机放在旁边，然后一直盯着它。我很在意我们之间的交流，但这种情况让我觉得我们之间缺乏互动和沟通，不像是一对夫妻。

伴侣：抱歉，我没有意识到这一点。频繁地看手机确实是一个不好的习惯，但它也确实会给我带来安全感，我会注意改掉这个习惯，因为我也很重视我们之间的交流。我承诺以后会更留意这个问题。

你：吃饭的时间是咱们交流的好时间，我希望你能尊重我、在意我，而不是把注意力都放在手机上而忽略我，我真的很在意我们之间的沟通。

伴侣：我明白，我也希望能和你一起努力改善我们之间的交流，我一定注意。

通过这样的对话，你可以表达出你的想法，同时也让伴侣意识到问题的存在，并共同努力改善你们之间的沟通，而不伤害彼此的感情。祝你们顺利解决这个问题！

这种情况可能让你感到被忽视和不被重视，这是很正常的感受。下面是一些建议，希望能帮助你解决这个问题，同时维持良好的沟通和关系。

选择合适的时间和地点：选一个安静的时刻，不要在吃饭时或其他可能会引起争执的时候提出这个问题。确保你们有足够的时间来谈论这个问题，而不会被打断。

倾听和理解：在表达你的感受之前，先试着倾听他的想法。也许他并没有意识到自己的行为给你带来了困扰，或者有其他原因导致他沉迷于手机。

使用"我语"：在谈论你的感受时，尽量使用"我语"而不是"你语"。比如说，"我感觉我们缺乏交流，我希望我们能够更多地互相交流"，而不是"你总是盯着手机，你不关心我"。

提出建议和解决方案：与其只抱怨问题，不如一起探讨解决方案。你可以提议制定一些规则，比如在用餐时不使用手机，或者每天留出一段时间专门用来交流。

寻求妥协：在沟通中要明确表达你的需求，同时也要考虑到他的想法和感受。寻求双方都能接受的妥协方案是解决问题的关键。

寻求外部帮助：如果你们无法独自解决这个问题，也可以考虑寻求婚姻辅导或心理咨询师的帮助。他们可以提供专业的建议和指导，帮助你们改善沟通和关系。

最重要的是，保持开放的心态和善意的沟通，尊重彼此的感受，共同努力改善关系。

场景分析：你和伴侣对是否养狗存在分歧。虽然你们都热爱动物，但你意识到你们工作十二个小时，公司不允许带狗上班。尽管如此，你知道最终你们会养一只狗。

提　　示：在拒绝时，可以加入实际情况，让伴侣考虑现实问题。

你和伴侣对是否养狗存在分歧。虽然你们都热爱动物，但你意识到你们俩工作都很忙，公司也不允许带狗上班。你觉得或许等你们以后有更多灵活的时间，或者有经济能力雇人遛狗时再养会更好。可以尝试以下对话。

你：亲爱的，我知道我们一直在讨论是否要养狗这件事情，但我觉得我们需要再考虑一下。

伴侣：嗯，我也觉得这是个重要的决定。我们都喜欢动物，但是养狗确实需要很多时间和精力。

你：是的，我们现在工作都很忙，而且公司也不允许带宠物上班。我担心我们无法给狗狗提供足够的陪伴和照顾。

伴侣：我同意，养狗需要负责任。也许等我们工作上有更多的灵活时间，或者经济上能够雇人来帮忙遛狗，再考虑养狗会更合适一些。

你：对，我觉得这样做也更负责任。我们可以先为将来的狗狗做好准备，确保它们能够得到我们应有的关爱和照顾。

伴侣：好的，那我们就先暂时搁置养狗的计划，等条件更适合的时候再考虑吧。

你：谢谢你的理解，我相信在未来的某一天，我们一定会成为一个幸福的宠物家庭。

当你和伴侣存在关于是否养狗的分歧时，诚实且尊重对方的想法是非常重要的。以下是一些建议，帮助你在拒绝养狗的同时不伤害伴侣的感情。

表达理解和共鸣：“我知道你也非常喜欢狗，我也是。我理解你想要养一只狗的心情，这对我们来说是一个很棒的想法。”

分享关于现实状况的观点：“我们俩工作都很忙，公司也不允许带狗上班，这可能会让狗独自在家很久。我担心我们无法给狗提供足够的陪伴和关注。”

提出合理的建议：“也许等我们将来有更多灵活的时间，或者有经济能力雇人遛狗时再养会更好。这样我们可以给狗提供更好的生活条件。”

强调未来可能性：“我希望我们能够在未来的某个时候养一只可爱的狗狗，当我们有更多时间和资源来照顾它的时候。”

倾听对方的想法：在表达完你的观点后，也要倾听伴侣的想法和感受。尊重对方的看法同样重要。

强调对伴侣的重要性：“我很重视我们之间的关系，我希望我们能够在这个问题上找到一个彼此都能接受的解决方案。”

通过尊重对方的想法，表达自己的观点并提出合理建议，你可以避免伤害伴侣的感情，同时保持沟通和理解。

场景分析：你的伴侣想邀请哥们儿到家里聚会，但是他们每次来了都会喝酒、吸烟，玩到很晚，有时甚至会吵得邻居都来敲门。因此他明白，如果当面或打电话问你，你可能会直接拒绝。

提　示：你已经提前警告过他了。要让他们来，你会感到不悦。

对于你的伴侣想要哥们儿来家里聚会的想法，你是不愿意答应的。如果他们来了，你会感到不悦。可以尝试以下对话。

伴侣：亲爱的，我想下周末叫几个哥们儿过来，一起聚一聚，怎么样？

你：亲爱的，其实我有点不太喜欢他们来。

伴侣：为什么？他们人挺好的，而且我们也很久没见面了。

你：我知道他们人不错，但每次他们来了，就会喝酒、吸烟，玩到很晚，有时候还会吵到邻居，我真的受不了这种场面。

伴侣：哦，这样啊……那我可以跟他们说说，让他们注意一下，不要太过分。

你：即便如此，我还是觉得他们来了会让我感到不悦，我希望我们的家能成为一个安静舒适的地方，而不是吵吵闹闹的聚会场所。

伴侣：好的，我明白了。我会跟他们沟通一下，或许我们可以找其他地方聚会，这样你也不会感到不适。

你：谢谢你的理解，这对我很重要。希望我们可以找到一个双方都满意的解决方案。

这是一个棘手的情况，因为你希望维护友谊，同时又不希望他们的行为影响到你的生活和邻居。以下是一些建议。

坦诚沟通：首先，与你的伴侣坦诚沟通，说明你的感受和担忧。强调你对他和他的朋友关系的重视，但也提出你对他们的行为感到不适的事实。

提出替代选择：建议在外面聚会或者选择其他地方，比如酒吧或者公共场所，这样可以减少在家中聚会带来的不便和干扰。

设定规则：如果他们一定要在你家聚会，可以设定一些规则，比如限制喝酒和吸烟的量，保持音量适中，尽量避免干扰到邻居。

限制聚会时间：提前和伴侣商量好聚会的时间，确保他们不会玩到很晚，以免打扰到你的休息时间。

寻求邻居谅解：如果可能的话，可以提前告知邻居有朋友来家里聚会，请求他们的谅解和包容。

寻求妥协：在与伴侣和他的朋友们沟通时，寻求双方的妥协，找到一个能让大家都满意的解决方案。

通过坦诚沟通和寻求妥协，你可以在维护友谊的同时，也保护自己的利益和生活质量。

场景分析：你和你的丈夫都正处于事业上升期。你虽然同意要孩子，但他最近一直在这个问题上向你施压。

提　　示：在发达国家，女性在三十岁后生第一个孩子的人数逐渐增加。研究表明，年轻时生孩子的母亲在事业上可能会处于不利地位。推迟到至少三十一岁再生育，可以减少女性终身收入的损失。

最近你的丈夫一直在要孩子这个问题上向你施压，你们双方各执一词，可以尝试以下对话。

太太：亲爱的，我知道你很想要孩子，但我觉得现在或许还不是最合适的时机。我们俩都在事业上升期，工作很忙，要照顾好孩子需要花费大量的时间和精力。也许再等一两年，等我们的事业更稳定一些，会更有利于我们和孩子。

丈夫：亲爱的，我明白你的担忧，但我觉得早点要孩子也有很多好处。年纪越大生育风险也会增加，而且孩子与父母年龄相差较小，更容易沟通和相互理解。我们可以一边继续发展事业，一边一起成长，共同面对挑战。

太太：我理解你的想法，但我还是觉得现在对我们来说有点匆忙。我们可以先规划好未来的生活，等一切都准备好了再考虑要孩子，这样对我们和孩子都会更好。

丈夫：我明白你的考虑，但我希望我们可以共同努力，一起面对未来的挑战。我们可以相互支持，共同承担责任，一起创造美好的家庭。我们的爱会让我们克服一切困难。

太太：谢谢你的理解和支持，我知道你是为了我们的未来好。让我们再仔细考虑一下，共同制订一个合适的计划，一起迎接新生命的到来。我们的爱会让我们变得更强大，无论什么时候，我们都会一起面对未来。

这种情况下，沟通是非常重要的。以下是一些建议，希望能帮助你处理这个问题。

坦诚沟通：首先，和你的丈夫坦诚地谈谈。表达你对事业发展的重视以及对孩子未来的责任感。强调你们应该在事业稳定之后再考虑要孩子。

倾听对方观点：听取你丈夫的想法，了解他的担忧和期望。尊重他的意见，让他知道你在乎他的想法。

共同规划：提出共同规划未来的建议。可以制定一个时间表或目标，比如等到某个具体的事业目标实现后再考虑要孩子。

理性分析：可以一起分析当前的经济状况、工作压力等因素，看看是否已经做好迎接新生命的准备。

寻找妥协：如果你们仍然持有不同意见，可以寻找一个妥协方案。可以考虑延后计划要孩子的时间，但在此之前可以开始做一些准备工作，比如咨询医生、做好身体准备等。

尊重彼此的决定：最终，尊重彼此的决定是非常重要的。不要强迫对方接受自己的观点，而是尊重彼此的选择，共同朝着同一个目标努力。

通过坦诚的沟通和理性的讨论，相信你们可以找到一个双方都能接受的解决方案。

场景分析：新生儿的到来吸引了你的公婆（和父母）。每个人都兴奋不已，都想来看看宝宝，导致拜访的人络绎不绝。你感到非常疲惫。

提　　示：尽管你的一生与父母紧密相连，但在生活中相互帮助的人是你的另一半。请尊重他/她的意愿。

因为住在月子中心，丈夫说他父母想要过来帮忙照看宝宝，但你觉得现在并不太方便。这段时间新生儿的到来吸引了你的公婆（和父母），每个人都想来看看宝宝，拜访的人络绎不绝，你感到非常疲惫。所以你说你们还需要时间来适应所有的变化，希望公婆他们再等几天再来。可以尝试以下对话。

丈夫：亲爱的，我和爸妈视频通话的时候，他们说想过来帮忙照看宝宝，你觉得怎么样？

你：亲爱的，我知道他们很想来看看宝宝，但我觉得现在并不太方便。

丈夫：为什么不方便？他们会帮我们照看宝宝，我们可以好好休息一下。

你：是的，我明白他们的心意，我们在月子中心住着，已经有很细心的阿姨在帮忙照顾，但这段时间新生儿的到来吸引了太多人，每个人都想来看看宝宝，我感觉有点应接不暇，有些疲惫。

丈夫：那我们怎么办？他们这么迫切地想过来。

你：我觉得我们还需要时间来适应所有的变化，希望他们等几天再来，我想先让自己和宝宝适应一下新的生活。

丈夫：好的，我会和他们解释一下，让他们再等等。你先好好休息，慢慢来。

在这种情况下，沟通是非常重要的。以下是一些建议，可以帮助你与丈夫进行有效的沟通，让他理解并尊重你的想法。

坦诚沟通：找一个合适的时间，坦诚地和丈夫谈谈你的感受和想法。确保在谈话中表达自己的情绪和需求，而不是指责或抱怨。

强调需要时间适应：解释给丈夫听，你需要时间来适应新生儿带来的变化，以及新的家庭动态。强调这段时间对你和宝宝的重要性，以及需要一些私人空间和时间来建立亲子关系。

表达疲惫感：告诉丈夫你感到疲惫，因为频繁的访客让你感到压力重重。解释你需要一些时间来放松和恢复体力，以便更好地照顾宝宝。

提出妥协方案：建议与丈夫一起制定一个时间表，让公婆等几天再来。你可以提出一个具体的日期，这样可以让你们有足够的时间来准备迎接访客，同时也给了你们一些私人空间。

强调团结：强调你们作为夫妻之间的团结和支持。表达希望他能够理解你的立场，并在这个问题上与你站在同一阵线上。

开放倾听：在沟通中，也要倾听丈夫的想法和感受。尊重彼此的意见，共同寻找解决问题的方法。

通过坦诚沟通和理解彼此的立场，你和丈夫可以找到一个双方都能接受的解决方案，让你们在照顾新生儿的过程中更加和谐和支持彼此。

chapter 4

NO

拒绝无条件的爱

亲子关系一直被视为塑造孩子成长的重要因素。在这个过程中，父母如何处理孩子的需求成为一项关键挑战。一个持续存在的争议是，父母是否需要不停地满足孩子的需求，或者只在适当的时候满足他们的要求，以及是否需要向孩子说“不”。这个问题涉及平衡孩子的情感需求和教育培养的方向，需要父母们谨慎思考和权衡。

满足需求的重要性

满足孩子的需求是亲子关系中的基础之一。这种满足不仅仅是物质上的，还包括情感上的支持和关怀。孩子在成长过程中需要感受到父母的爱和支持，这有助于建立他们的自尊和安全感。适时满足孩子的需求可以促进他们健康的心理发展，培养他们的独立性和自信心。

适度拒绝的必要性

然而，父母也需要学会适度地拒绝孩子的要求。过度纵容孩子可能会导致孩子变得自私、不尊重他人，甚至缺乏责任感。适度的拒绝可以帮助孩子建立正确的价值观和行为准则，教会他们面对挫折和困难时如何应对，从而更好地适应社会生活。

培养孩子的自主性

父母在教育孩子时，需要注重培养他们的自主性和独立思考能力。这意味着父母不应该一味地满足孩子的所有需求，而是要引导他们学会独立思考、解决问题，逐渐培养他们的自理能力和责任感。在这个过程中，父母需要适时地对孩子说“不”，让他们明白不是所有的要求都能得到满足，学会面对挫折和拒绝。

在亲子关系中，平衡满足和拒绝是一门艺术。父母需要根据孩子的年龄、个性和情境，灵活地处理他们的需求，既要给予足够的关爱和支持，又要适时地加以拒绝和引导。通过建立健康的亲子关系，父母可以帮助孩子健康成长，培养他们积极向上的人格特质，为他们的未来奠定坚实的基础。

对幼儿设定“行为限制”

和幼儿相处时，大多数父母会时不时地应对孩子抱怨、顶嘴、发脾气和挑衅等让人头疼的行为。幼儿会故意挑战你的底线来测试你对他们的爱，持续挑战你的极限。对于这些行为，父母需要考虑安全隐患，并通过采取预防措施、明确限制或给予建议和替代方法来教育孩子可行与不可行的行为。

在坚定立场的同时，也要安抚孩子的情绪，这种结合式的教育有助于帮助孩子理解超越自身年龄的感受和情况。虽然“不”这个词在很多时候并不奏效，但你仍然会不断尝试，因为幼儿时期是孩子社会化训练的基础，为未来和平共处打下基础。

在家之外设定孩子的行为限制，可以让孩子在实践中遵循行为准则和指导，也能激励你不断努力。在养育孩子的过程中，除了需要幽默感，还需要足够的耐心，二者缺一不可。孩子在蹒跚学步时的种种令人烦恼的举动，在数年后回忆起来，定会让你忍俊不禁。以下的实例包含一些你可能会面临的困难，并给出一些建议，帮助你了解限制孩子行为和拒绝某些请求的好处。

场景分析：孩子对你说，“我是干净的！我今天又没有把自己弄脏！宝宝不用洗澡！”你的孩子认为自己有权决定，但实际情况并非如此。

提　　示：引导孩子养成睡前洗漱的习惯可以减少父母每晚催促孩子洗漱的麻烦。要求孩子每晚早点完成洗漱有助于养成良好的生活习惯。

当与孩子交谈时，温和、耐心和理解是非常重要的。以下是一段模拟对话，展示了如何劝说孩子并引导他洗澡。

你：宝贝，现在是洗澡的时间了，我们可以一起来洗个热水澡，然后穿上干净的睡衣准备睡觉了。

孩子：不要洗澡，我觉得我已经很干净了。

你：我明白你觉得自己很干净，但是洗澡可以帮助我们清洁身体，让我们在睡觉时更加舒适和健康。我们可以一起玩水，唱歌，让洗澡变得更有趣。

孩子：不要，我不想洗澡。

你：洗澡可以让我们的皮肤保持健康，预防疾病。如果我们每天都洗澡，就可以保持身体清洁，你不想成为一个健康的小宝宝吗？

孩子：嗯……好吧，但是只洗一会儿。

你：好的，我们可以尝试洗一个快乐的短暂的澡，然后就可以做你喜欢的事情了。谢谢你配合，我真的很欣慰。

在这段对话中，你表达了洗澡的重要性，同时尊重孩子的感受，试图让洗澡变得有趣，激发他的合作意愿。通过温和的引导和耐心的沟通，帮助孩子逐渐接受并养成洗澡的良好习惯。

养成良好的生活习惯对孩子的成长至关重要。对于三四岁的孩子来说，他们可能会表现出对洗澡等日常卫生习惯的抵触情绪。以下是一些建议，帮助引导孩子养成良好的生活习惯。

建立规律的作息时间表：确保孩子有足够的睡眠时间，避免在晚上过于兴奋。规律的作息时间可以帮助孩子养成良好的生活习惯。

制定有趣的洗澡时间：将洗澡时间变成有趣的活动，可以在浴缸里加入一些玩具，播放孩子喜欢的音乐或故事，让洗澡变得更加有趣。

讲解卫生的重要性：以孩子能理解的方式向他解释卫生的重要性，告诉他洗澡可以帮助清洁身体，预防疾病，并让他明白干净是一种健康的习惯。

给予奖励和表扬：当孩子配合洗澡时，及时给予奖励和表扬，激励他继续保持良好的习惯。

与孩子合作：让孩子参与决定洗澡的时间，让他感到自己有一定的控制权，可以增加他的合作意愿。

示范和榜样：作为家长，要以身作则，展示良好的卫生习惯，孩子会从你身上学到很多。

耐心和理解：理解孩子的感受，耐心地引导他们养成良好的生活习惯，不要使用强制手段，而是通过耐心和理解来引导他们。

通过以上方法，可以帮助孩子逐渐养成良好的生活习惯，包括洗澡等卫生习惯，同时保持良好的家庭氛围和亲子关系。

场景分析：当兄弟姐妹一起玩耍时，发生冲突是很常见的，尤其是年龄相仿的孩子之间。每个孩子都想要主导权，并希望父母支持自己。事实上，孩子们争执的玩具可能并不重要，甚至你可能都不记得谁是真正的主人。

提　　示：尽管孩子可能有一个装满玩具的玩具箱，但他们通常也会想要其他孩子手中的玩具。鼓励孩子解决这些冲突可以帮助他们提高与同龄人相处时解决问题的能力。一般来说，分享的能力需要到三四岁才能逐渐发展完善。

要解决孩子之间的冲突，并不需要家长参与他们之间的“战斗”，帮他们决定到底谁对谁错，解决这种问题，可以尝试以下对话。

父母：停下来，孩子们。我看到你们在争抢玩具，让我们一起来解决这个问题。请你们都冷静下来。

孩子1：但是这是我的玩具，他抢走了！

孩子2：不是的，这是我的，我先玩的！

父母：我明白你们两个都很喜欢这个玩具，但是我们不能用拉扯和争吵来解决问题。每个人都有权利玩这个玩具。让我们一起找个解决办法，好吗？

孩子1：但是我想要继续玩！

孩子2：我也不想让步！

父母：我有一个建议，我们可以设定一个时间，比如每个人可以轮流玩这个玩具，每人玩一定时间，然后交换。这样公平吗？

孩子1：好吧，我同意。

孩子2：我也同意。

父母：很好，看到你们能够理解彼此的感受并找到解决方案，我感到很高兴。记住，合作和尊重是很重要的，我们要一起和平相处，对吧？

在这段对话中，父母首先让孩子们冷静下来，然后表达理解并提出解决问题的建议。父母鼓励孩子们共同参与制订解决方案，以确保公平和合作。通过这种方式，父母教导孩子们以积极的方式解决冲突，同时强调尊重和合作的重要性，促进家庭和谐。

在处理孩子之间因争抢玩具而发生冲突时，作为家长，重要的是要保持公平和中立，同时教导他们以积极的方式解决冲突。以下是一些调解这种矛盾的建议。

保持冷静和客观：在处理矛盾时，家长首先要保持冷静和客观，不偏袒任何一方。不要在争执中加入情绪，而是保持中立的立场。

倾听双方：听取每个孩子的观点和感受，让他们有机会表达自己的想法。这有助于他们感受到被尊重和理解。

教导解决冲突的技巧：教导孩子使用言语解决问题，而不是使用武力或争吵。鼓励他们彼此倾听、尊重对方的观点，并寻找共同的解决方案。

制定规则和共享玩具：建立家规，明确玩具的共享规则和轮流使用的原则。让孩子们明白每个人都有权利使用玩具，并鼓励他们相互尊重。

提供合作的机会：给孩子们提供一些合作的活动，让他们学会共同玩耍和分享。这有助于培养他们的团队合作精神和互助意识。

表扬积极行为：当孩子们以积极的方式解决冲突或共享玩具时，要及时表扬和肯定他们的行为，让他们明白良好行为会得到认可。

定期沟通和监督：定期与孩子们沟通，了解他们之间的相处情况，并在必要时进行引导和监督。确保他们理解如何以和平的方式解决问题。

通过以上方法，家长可以帮助孩子们学会以积极、理性的方式处理冲突，培养他们的合作精神和解决问题的能力，从而维护家庭和谐。

场景分析：当孩子投入某项活动时，突然让他们停下来，他们很难接受，因为他们正享受其中。孩子的愤怒情绪是可以理解的，和其他情绪一样。

提　　示：当孩子尖叫时，你可能感觉自己被其他人指责，这时很容易想要放弃。但要控制住自己的情绪，因为如果你放弃，孩子会觉得可以轻易地操纵你。尽管孩子的行为不可接受，但让他表达感受仍然很重要，这样他可以逐渐学会以正确的方式表达情绪。

面对孩子的哭闹，父母不能坐视不管，也不能一味迁就，可以尝试以下对话。

父母：宝贝，天色已经开始变暗了，该是我们回家的时间了。

孩子：不要！我还想玩！

父母：我知道你很喜欢在外面玩耍，但是天黑了我们要回家休息了。我们可以回家后一起做些有趣的事情，好吗？

孩子：不要！我不想回家！

父母：我明白你的感受，但是我们必须回家了。如果你现在听话回家，我们可以一起做你喜欢的事情，比如读故事或者画画，你觉得怎么样？

孩子：（停止了尖叫和打滚）好吧，我想画画！

父母：太好了！那我们一起回家，然后画画，好吗？我会和你一起的。

通过这段对话，父母表达了理解和耐心，同时引导孩子接受回家的现实，并提供了一个有趣的活动作为回报。最终，孩子停止了尖叫和打滚，愿意回家并享受画画的时光。这种方法强调了积极引导和积极激励，帮助孩子顺利回家并保持家庭和谐。

在处理这种情况时，关键是要保持冷静和耐心，同时采取一些策略来帮助孩子理解并接受回家的现实。以下是一些建议。

与孩子沟通：首先要与孩子建立沟通，试图理解他们为什么不愿意回家。问问孩子是否有特别喜欢的地方或活动，或者是否有其他原因让他们不想回家。

设定清晰的界限：让孩子知道天已经快要黑了，回家是必需的。给他们一个明确的时间表，让他们知道何时需要离开。

提供选择：给孩子一些选择，例如“我们可以回家后一起做什么有趣的事情？”这样可以让孩子感到有一定的控制权，同时引导他们逐渐接受回家的事实。

转移注意力：尝试转移孩子的注意力，例如提出一些新的有趣活动或游戏，让他们分散注意力，并逐渐准备回家。

给予正面激励：当孩子开始配合或接受回家时，及时给予表扬和奖励，让他们知道好行为会得到认可。

避免贿赂或威胁：尽量避免用贿赂或威胁来强迫孩子回家，这样可能会形成不好的习惯。相反，要以耐心和理解的态度引导孩子。

保持安全：确保在任何情况下孩子的安全，尤其是在天色渐暗的时候。如果孩子仍然固执不愿回家，家长可能需要承担起把孩子抱起来的责任，确保孩子安全地返回家中。

通过以上方法，父母可以帮助孩子理解并接受回家的现实，同时建立积极的沟通和行为习惯。最重要的是，保持耐心和理解，让孩子感到被尊重和关爱。

场景分析：很多孩子都会有挑食的习惯。如果你知道孩子不喜欢某种食物，但还能勉强接受，可以故意在他的盘子里放上一些。

提　　示：孩子通常不会让自己挨饿，所以当他们对你的食物选择表达不满时，不必太在意。如果每次家人抱怨后你都改变菜单，那你可能会变成一位专业厨师。

面对挑食的孩子，父母要做的不是不停地变换花样去迎合他的胃口，而是在确认这种食物对他的身体健康有好处的情况下，尽量地引导孩子去接受新鲜的食物，可以尝试以下对话。

父母：亲爱的，今天我们尝试一些新的食物，看看它们是否会成为你新的喜爱之一。

孩子：不要！我不喜欢吃这个！

父母：我知道宝贝，但是有时候我们需要尝试一些新的东西才能知道我们是否喜欢，这个你一口都没有试过呢。这个食物看起来很好吃，我们可以一起尝试一下吗？

孩子：不要！我只想吃巧克力！

父母：巧克力当然很好吃，但是我们也要吃一些健康的食物来让我们的身体更强壮，吃掉这个也许能变成奥特曼。如果你尝试一口这个食物，也许会发现它也很美味呢。

孩子：（试着尝一小口）哇，这个其实挺好吃的！

父母：看到了吧，有时候尝试一下新食物会带来惊喜呢！谢谢你尝试，我知道你很棒。下次我们再尝试其他新食物，好吗？

通过这段对话，父母展现了耐心和理解，同时积极引导孩子尝试新食物。他们鼓励孩子尝试一口，而不是强迫他们。最终，孩子尝试了食物并发现它其实很美味，这种积极的体验有助于开阔孩子的味蕾，让他们更愿意尝试新的食物。

面对低龄孩子的挑食问题，沟通是非常重要的。以下是一些建议，可以帮助您更好地与孩子沟通。

保持耐心和理解：理解孩子可能会有挑食的阶段，不要强迫他们吃东西。耐心是解决这个问题的关键。

积极引导：尝试用积极的方式引导孩子尝试新食物，可以让他们参与食物的准备过程，或者让他们选择一些他们感兴趣的食物。

提供选择：给孩子提供一些选择，让他们觉得有控制权。例如，“你想要尝试这个还是那个？”这样可以增加孩子的参与感。

示范榜样：孩子往往会模仿父母或其他成年人的行为。如果父母展示出对各种食物的开放态度，孩子也更有可能接受新食物。

创造愉快的用餐环境：让用餐变得有趣和愉快，可以尝试在家庭聚餐时谈笑风生，让孩子感受到用餐的快乐氛围。

不要用食物作为奖励或惩罚：避免用食物作为奖励或惩罚，这可能会加剧孩子的挑食行为。食物应该被视为营养和健康的重要来源，而不是奖励或惩罚的工具。

与医生或营养师咨询：如果孩子的挑食问题严重影响到他们的营养摄入，可以考虑咨询医生或营养师，寻求专业建议和帮助。

通过耐心、理解和积极引导，父母可以帮助孩子克服挑食问题，建立健康的饮食习惯。记住，每个孩子都是独特的，需要个性化的方法来处理他们的挑食行为。

场景分析：你被孩子尖叫的强度和音量以及他对视频游戏设备的痴迷程度所震惊。在这时，你告诉孩子："时间到了，该把它给我了。"孩子可能认为如果他们坚持磨蹭足够长时间，就能玩得更久。如果你因此纵容孩子，他们可能会认为只要他们坚持下去，就能得到他们想要的。

提　　示：研究表明，长时间使用电子屏幕会过度刺激儿童的大脑和神经系统发育。纵容孩子长时间玩游戏实际上增加了他们的大脑压力水平，过度的大脑压力会让孩子感到疲惫。因此，在游戏时间结束前的最后五分钟提醒孩子会是一个不错的方法。

当游戏时间结束，孩子一直靠耍赖、尖叫等方式拒绝关闭电子产品，可以尝试以下对话。

父母：亲爱的，现在是关掉电子产品的时间了，我们要开始准备晚餐了。

孩子：不要！我还想再玩一会儿，可以吗？

父母：宝贝，电子产品对眼睛和大脑不好，现在是时候休息一下，做些其他有趣的事情了。我们可以一起准备晚餐，或者读一本书，怎么样？

孩子：但是我还没完成这个游戏，可以再玩一会儿吗？

父母：我们已经提前告诉你关机的时间，现在是时候遵守规定了。完成游戏之后，我们可以做其他有趣的事情。现在请把电子产品关掉，我们一起做点其他的事情吧。

孩子：好吧，我关掉电子产品。那我们一起做点什么呢？

父母：太棒了！我们可以一起准备晚餐，或者看一本有趣的书，甚至一起玩一个棋盘游戏，你想要做什么呢？

通过这段对话，父母坚定地引导孩子及时关掉电子产品，并提供了其他有趣的选择，以帮助孩子顺利过渡到其他活动。他们强调电子产品对健康的影响，并鼓励孩子尊重规定并参与其他有益的活动，从而培养孩子良好的生活习惯。

引导孩子在规定的时间内玩电子产品或看电视是一个重要的家庭教育任务。以下是一些方法可以帮助您实现这一目标。

制定明确的规定：和孩子一起制定清晰的规定，包括每天可以玩电子产品的时间、何时可以使用以及使用电子产品的内容。

设定限制：确定每天孩子可以使用电子产品的具体时间段，例如每天1小时。在其他时间段，鼓励孩子进行其他活动，如户外运动、阅读或创意玩耍。

建立奖励机制：设定奖励机制，鼓励孩子遵守规定的电子产品使用时间。例如，如果孩子在规定时间内表现良好，可以给予奖励，如额外的电子产品时间或其他小奖励。

示范榜样：父母自己也要遵守规定，成为孩子的榜样。如果父母在规定时间内使用电子产品，孩子也更有可能遵守规定。

设立禁止使用电子产品的地方：在家中设立禁止使用电子产品的区域，如餐桌或卧室，以鼓励孩子在这些地方进行其他活动，如交流或阅读。

与孩子沟通：和孩子进行沟通，解释为什么需要限制电子产品的使用时间，并鼓励他们寻找其他有趣的活动。让他们参与制定规定，让他们感到自己有一定的控制权。

寻找替代活动：鼓励孩子参与其他有益的活动，如户外运动、艺术手工或阅读，以帮助他们度过没有电子产品的时间。

通过以上方法，您可以帮助孩子建立健康的电子产品使用习惯，同时培养他们对其他活动的兴趣，促进全面发展。

场景分析：秋季开学、进入新学校，或是度过漫长假期后，一些孩子可能会感到焦虑。焦虑的原因可能包括离开父母的保护、与同伴相处的问题以及学业压力等。

提　　示：反复给予肯定和鼓励对于处于焦虑状态的孩子非常重要。避免强调焦虑的细节，比如不要问“你担心没有人会和你一起吃午餐吗？”或“你担心同学会取笑你吗？”而是要安慰和鼓励孩子，告诉他无论是考试、派对还是体育活动，他都有能力处理。这种方式有助于减轻孩子的恐惧感。

经过一个假期的放松，孩子对回到幼儿园产生了抗拒，可以尝试以下对话。

父母：亲爱的，今天是上幼儿园的日子！你知道吗，幼儿园有很多有趣的活动等着你呢。

孩子：不要去幼儿园，我不喜欢。

父母：我明白你可能觉得有点不舒服，但是幼儿园是一个充满乐趣和学习的地方。在那里你可以和其他小朋友一起玩游戏、听故事，还可以做很多有趣的手工活动。

孩子：但是我会想你们的。

父母：我们也会想你，但是想象一下，当你在幼儿园和小伙伴们一起玩得开心时，时间会过得很快，然后我们就可以一起度过美好的下午啦。

孩子：好吧，我会试一试。

父母：太棒了！我知道你是一个勇敢的孩子，去幼儿园会有很多新奇的体验等着你。今天晚上回家的时候，我们一起来分享你在幼儿园的新鲜事，好吗？

通过这段对话，父母以鼓励和理解的态度引导孩子，让孩子感受到幼儿园的乐趣和学习的重要性，同时也传递了家庭的支持和期待。这种积极的引导方式有助于孩子逐渐克服对幼儿园的排斥情绪，建立积极的态度，从而能够开心地适应幼儿园生活。

面对孩子不愿意上幼儿园并频繁哭闹的情况，父母可以采取以下方法引导孩子。

倾听和理解：首先要倾听孩子的感受，理解他们为什么不愿意去幼儿园。可能是因为分离焦虑、适应新环境等原因，了解孩子的担忧是解决问题的第一步。

建立安全感：确保孩子知道幼儿园是一个安全、温暖的地方，老师和其他孩子都是友好的。可以和孩子一起回顾幼儿园的美好经历，强调幼儿园是一个有趣的地方。

建立规律和预期：制定明确的日常时间表，让孩子知道什么时候是上幼儿园的时间，帮助他们建立安全感和预期感。

温和的分离：逐渐延长和孩子的分离时间，可以先从短暂的分离开始，慢慢增加时间，帮助孩子适应分离。

积极的鼓励和肯定：当孩子在幼儿园成功度过一天，要给予孩子积极的鼓励和肯定，让他们知道自己是勇敢的、能够独立完成任务的。

与老师沟通：和幼儿园的老师保持沟通，了解孩子在幼儿园的表现和情况，共同合作帮助孩子适应幼儿园生活。

寻求专业帮助：如果孩子的情况持续严重，无法通过家长的引导改善，可以考虑寻求心理咨询师或专业机构的帮助，帮助孩子克服分离焦虑等问题。

通过以上方法，父母可以帮助孩子逐渐适应幼儿园生活，建立积极的态度，同时也帮助孩子克服分离焦虑，促进他们的成长和发展。

对过度纵容说“不”

随着孩子们融入学校生活，父母的育儿方式变得更加复杂。许多父母希望在孩子年幼时，在体育、学习或艺术等方面培养他们的优势，为未来的发展奠定基础。在小学阶段，与周围人保持一致的压力以及培养“明星”孩子的压力都在不断增加。

无论面临何种压力，过度纵容孩子会带来不必要的负担。更多的拒绝意味着更少的疲惫，也能减少脾气暴躁的可能。适时地说“不”可以让你不轻易屈服，也能避免孩子控制你。当你明知应该拒绝却还是倾向于顺从时，要仔细思考为何会做出这样的选择。

此外，对于你提出的要求，孩子们越是试图忽略或拒绝，作为父母，就越要坚持。长期跟踪哈佛大学的一项研究表明，承担家务与成年后的成功呈正相关关系。对孩子的要求要合理且坚定。早期要求孩子参与家务，比如让他们收拾玩具或衣服，对孩子的长远发展至关重要。简而言之，家务是孩子日后成功的关键之一。

有时孩子会提出不合理或耗时的要求，这些要求可能违背你的价值观，影响你做出正确判断。无论孩子多么坚持，父母有责任设立明确的界限。拒绝方式常常决定拒绝效果，避免大声喊叫或冗长辩论，有时只需降低音量让孩子理解你的意图。

随着科技的普及，孩子在学校使用电脑和平板电脑的频率增加，可能引发一些冲突，让许多家长对自己的标准和如何施加限制感到犹豫。面对孩子繁忙的日程安排，家长们不确定是否坚持自己的观点还是迁就孩子的想法。

场景分析：“为什么我得睡觉了，而凯蒂还可以不睡？这不公平，这和她比我大没关系！”学龄儿童常常对公平性非常在意，不愿意比兄弟姐妹或朋友早睡。他们会认为早睡是给予其他人晚睡的特权，因此可能会与你争执。

提　　示：作为家长，你需要为孩子的健康和成长做出决定。根据美国国家睡眠委员会的建议，小学生每天需要8—11小时的睡眠时间。因此，坚定自己的立场是非常重要的。

孩子对睡觉时间产生了质疑，可以尝试以下对话。

父母：亲爱的，现在是晚上九点了，是时候去睡觉了。早睡早起对我们的身体和大脑都很重要哦。

孩子：为什么要早睡早起呢？我还不困呢。

父母：早睡早起可以让我们的身体更健康，大脑更清晰。想象一下，早上起来的时候，你会感觉精力充沛，一整天都可以做很多有趣的事情呢。

孩子：可是我还想再玩一会儿。

父母：玩耍是很重要的，但是好的睡眠也同样重要。睡觉可以让我们的身体得到充分的休息，明天早上起来就会感觉特别好，还可以做更多有趣的事情，如果你得不到充分的睡眠，那有可能以后就会长不高。

孩子：好吧，那我现在就去睡觉。

父母：太棒了！早睡早起是一个很好的习惯，你会发现当你早起时，会有更多时间做自己喜欢的事情。明天早上起来后，我们可以一起做早餐，一起玩耍，你觉得怎么样？

通过这段对话，父母以耐心和理解的态度引导小孩子明白早睡早起的重要性，并鼓励他们养成良好的作息习惯。这种积极的引导方式有助于孩子逐渐接受并愿意早睡早起，从而提升他们的身体健康和生活质量。

在家里有两个孩子，其中一个孩子睡觉时间稍晚可能会引起另一个孩子觉得不公平的情况。在这种情况下，父母可以采取以下方法来引导小的孩子。

理解和倾听：首先要倾听小孩子的感受，理解他们为什么觉得不公平。让他们表达自己的想法和感受，让他们知道自己的感受被尊重。

解释情况：父母可以向小孩子解释大一些的孩子睡得晚是因为年龄不同，每个孩子的生活习惯可能会有所不同。父母可以用简单明了的方式解释这个区别。

建立公平感：父母可以强调每个孩子都是独特的个体，有着不同的需求和习惯。重要的是让每个孩子都感受到父母的公平和关爱。

制定规则和时间表：制定一个合理的睡眠时间表，确保每个孩子都能得到足够的睡眠。可以让小孩子参与制定时间表，让他们感觉到自己的意见被重视。

鼓励独立性：帮助小孩子理解每个人的生活习惯可能会有所不同，鼓励他们尊重并理解其他人的选择。

共享特殊时刻在确保每个孩子都得到足够休息的情况下，可以安排一些特殊的活动或时刻，让小孩子也能享受一些与大孩子不同但特殊的时刻。

通过以上方法，父母可以引导小孩子理解和接受不同睡眠时间的情况，同时建立公平感和理解他人的能力，促进兄弟姐妹之间的和谐相处。

场景分析：孩子表达了想要养宠物的愿望，但实际上，养宠物的责任大部分会落在父母身上。除非你自己也非常想养，否则不要轻易答应他们的请求。

提　　示：小狗在成长过程中不需要频繁遛步，但它一旦长大，每天可能需要遛狗6—7次。那时候，孩子们可能已经上大学了。

孩子十分渴望养一只宠物，可以尝试以下对话。

父母：亲爱的，我知道你很想养一只小狗，但是我们需要和你谈谈一些重要的事情。

孩子：嗯，好的，我想要一只小狗，可以吗？

父母：当然，我们知道你很喜欢小狗，但是我们家里空间有限，而且爸爸和妈妈工作都很忙，没有固定的时间来遛狗和照顾它。

孩子：但是我会尽力照顾它的，我真的很想要一只小狗。

父母：我们知道你会尽力，但是养小狗需要很多责任和时间。我们现在暂时不能养小狗，因为我们无法给它提供足够的空间和时间。但是我们可以一起想想有什么其他方式能满足你对小狗的喜爱，比如空闲时间可以去一些收容场所，帮助那些需要帮助的小动物。

孩子：好的，我明白了。我可以去动物收容所做义工，帮助那些小动物。

父母：太棒了，我们很欣慰你能理解我们的决定。去动物收容所做义工不仅可以帮助其他小动物，也可以让你更了解它们的需求和如何照顾它们。这样也是一种很有意义的方式来表达你对小狗的喜爱。

通过这段对话，父母以理解和关爱的态度引导孩子理解家庭现状下无法养狗的原因，并鼓励孩子通过其他方式来满足对小狗的喜爱，比如暂时领养或做义工。这种沟通方式强调了家庭成员共同努力、责任感和善良的重要性，教育孩子要理解并接受现实情况，同时寻找其他方式来实现自己的愿望。

当孩子表达想要养一只狗的愿望，但家里空间有限，父母工作繁忙且没有固定时间遛狗，孩子自己也不能完成照顾小狗的任务时，可以考虑以下建议来引导孩子。

沟通和理解：首先，倾听孩子的想法和愿望，让他感受到你们对他的理解和支持，然后耐心地解释家庭现状下养狗的困难和挑战，让孩子明白养狗需要全家共同努力。

教育责任感：和孩子讨论养狗的责任，包括定期遛狗、喂食、洗澡、医疗等任务，让孩子意识到养狗是一项需要承担责任的重要任务。

寻找替代方式：提出其他方式来满足孩子对小狗的喜爱，比如暂时领养宠物一段时间，或者去动物收容所做义工，帮助需要帮助的小动物，让孩子通过这些方式体验照顾动物的乐趣。

培养责任感：鼓励孩子参与家庭中其他的责任，比如照顾家里的植物、整理玩具等，培养他的责任感和照顾能力。

教育学习：可以和孩子一起学习养宠物的知识，包括如何照顾宠物、宠物的需求以及宠物和人类的互动等，让他了解养宠物的责任和重要性。

通过以上建议，可以引导孩子理解家庭现状下无法养狗的原因，并鼓励他通过其他方式来表达对小狗的喜爱，同时培养他的责任感和善良，让他在成长过程中学会理解并接受现实情况，寻找其他方式来实现自己的愿望。

场景分析：孩子希望通过告诉你他的朋友都有手机来影响你的决定，让你也给他买一部。

提　　示：在某些情况下，比如孩子需要手机来上学或放学时与父母联系，或者独自处理某些情况时，八岁的孩子可能会拥有手机。一般来说，只有在孩子足够成熟、能够承担责任并遵守父母规定的情况下，年龄在二十几岁或十几岁的孩子才会拥有手机。

孩子一直想要一部手机时，可以尝试以下对话。

父母： 亲爱的，我知道你想要拥有一部手机，这是一个很酷的想法，但是我们需要和你谈谈一些重要的事情。

孩子： 嗯，好的，我真的很想要一部手机，可以吗？

父母： 我们知道手机对你来说可能是一种很有吸引力的东西，但是我们认为现在还不是给你买手机的合适时机。

孩子： 为什么呢？我觉得我可以控制好自己去使用手机。

父母： 我们知道你会尽力控制自己使用手机，但是手机是一种很特殊的设备，使用不当可能会对你的健康和学习造成影响。此外，我们觉得在你现在的年龄，更重要的是专注于学习、玩耍和发展兴趣爱好，而不是过早地依赖手机。

孩子： 那我可以用手机来学习和玩游戏。

父母： 是的，手机确实可以用来学习和玩游戏，但是我们认为现在你还可以通过其他方式来获取知识和娱乐，比如阅读书籍、参加课外活动或者和朋友一起玩耍。我们希望你能够养成多样化的兴趣爱好，而不是过度依赖手机。

孩子： 好的，我明白了。我可以等到什么时候才能有手机呢？

父母： 我们可以一起设定一个目标，比如在你年龄更大一些或者在某个特定的成就之后，我们可以再考虑给你买手机。现在我们可以一起寻找其他有趣的事情来做，让你度过一段充实而快乐的时光。

通过这段对话，父母以理解和关爱的态度告诉孩子现在还不适合给他买手机，强调了学习、健康和兴趣爱好的重要性，同时引导孩子理解家庭的决定，建立正确的消费观念和责任感。这种沟通方式可以帮助孩子理解并接受现实情况，同时培养他的自控能力和多样化兴趣。

当孩子8岁表达想要自己买手机的愿望时，父母可以采取以下方式来告诉孩子现在还不是时候。

沟通理解：倾听孩子的想法和需求，让他感受到你们对他的理解和支持，然后耐心地解释为什么现在还不是时候拥有手机。

教育责任感：和孩子讨论手机的使用责任，包括使用时间管理、网络安全意识、沟通礼仪等，让孩子意识到拥有手机需要承担责任。

强调重要性：解释手机对于孩子来说可能还不是必需品，而且过早使用手机可能会影响他的学习和社交能力。

提供替代方案：提议其他方式来满足孩子的需求，比如购买一个儿童智能手表或者平板电脑，这些设备可以满足他的部分需求，同时不会带来过多的负面影响。

设定目标：和孩子一起设定一个目标，比如在某个年龄或者完成某项任务之后可以考虑购买手机，这样可以激励他努力学习和成长。

教育价值观：强调家庭的价值观，比如节俭、理性消费和重视学习，让孩子明白购买手机需要考虑家庭的经济状况和实际需求。

通过以上建议，父母可以以理解和教育的方式告诉孩子现在还不是时候拥有手机，引导他理解家庭的决定，并帮助他建立正确的消费观念和责任感。这样的沟通方式可以让孩子理解并接受现实情况，同时学会理性消费和自我管理。

与青少年子女平等相处

你的孩子们在小时候经常向你寻求答案或帮助，这让你感到被需要和被爱。然而，随着时间的推移，一切都发生了变化，你曾引以为傲的“被需求”，似乎在一瞬间消失了。在这种情况下，你可能会渴望重新获得孩子们的认可和需要，甚至考虑放弃工作。如果你遇到这种情况，一定要保持耐心，最重要的是要展现出做家长的风范。

青少年不愿与父母亲近，因此说“不”变得更加困难，也更加重要。青春期的孩子们努力寻找个人身份的确认和独立性，因此你以往惯用的教育方式可能会受到挑战。

或许你还记得年少时的挣扎：试图融入群体、展现成熟和个性，而父母却似乎阻碍了你的努力；不赞同父母的决定时，你可能会故意违反规则；受到限制参加聚会时的愤怒以及因不尊重兄弟姐妹而受到惩罚的无奈等。你的孩子很可能会经历与你当年相似的情感和行为。

与赢得受欢迎的竞赛不同，作为青少年的父母需要为孩子提供持续的指导，这通常包括对他们说“不”。只有这样，才能引导孩子朝着正确的方向发展，培养他们成为有责任心的好公民。

在任何时候，父母都可能陷入被动应对的模式，因为青少年擅长动摇父母的决心。他们真诚的言辞和貌似合理的理由很容易让你感到困惑，他们喜怒无常的行为也会让你感到沮丧。拒绝时保持坚定的态度会减少孩子强迫或操纵的机会。然而，有时候你可能会考虑放弃，或者提出可能有效的替代方案来达到预期的结果，这并非屈服，而是明智的选择。

场景分析：处在青春期的孩子认为口红、腮红和染眉膏能让她看起来更美，可你却觉得一个十三岁的孩子就浓妆艳抹是很可怕的。但是，你看到她的同伴也开始化妆了。

提　　示：如果你拒绝孩子的请求的话，她会觉得你不可理喻。可以教会她合理使用化妆品或者给她一些合适的限制，比如上学的时候、家庭聚会的时候和其他会让你觉得不舒服的时候都不允许化妆。

处于青春期的孩子，对化妆产生浓厚的兴趣，可以尝试以下对话。

父母：亲爱的，我们想和你谈谈关于化妆的事情。我们知道你对化妆感兴趣，但是我们认为现在还不是一个适合你开始化妆的时候。

女儿：为什么呢？我觉得化妆可以让我更漂亮。

父母：我们完全理解你想要变得更漂亮的愿望，但是在你的青春期阶段，我们希望你能够先专注于保护和呵护自己的肌肤。化妆品中的化学成分可能会对你年轻的皮肤造成负担，导致肌肤问题。

女儿：可是我的朋友都开始化妆了，我也想尝试。

父母：我们明白你和朋友之间的差异，但是每个人的成长步伐都是不同的。我们希望你能够在这个阶段培养健康的肌肤习惯，让你的皮肤能够自然呼吸，保持健康和清爽。

女儿：那我可以只化淡妆吗？不要太浓重。

父母：我们理解你的想法，但是即使是淡妆也可能对肌肤造成影响。我们希望你能够在健康和自然美的基础上建立自信，让你的美丽从内而外散发出来。但是如果需要拍照或者是和同学出去玩的时候，我们是允许你画一些淡妆的，这样可以让你看起来更精神。

女儿：好的，我明白了。谢谢你们的关心和建议。

父母：我们爱你，我们的目的是希望你能够健康快乐地成长。如果你有任何关于化妆或其他事情的问题，都可以和我们分享，我们会一直支持你。

通过这段对话，父母以理解和关爱的态度告诉女儿现在还不适合化妆，强调了健康肌肤的重要性，同时鼓励女儿建立自然美和内在自信。这样的沟通方式可以帮助女儿理解父母的关切，培养正确的审美观和自我保护意识，让她在青春期建立健康的肌肤习惯，同时保持自信和快乐成长。

当青春期的女孩表达想要化妆的愿望时，父母可以采取以下方式来引导她。

沟通开放：倾听女孩的想法和需求，让她感受到你们对她的理解和支持，然后一起讨论化妆的重要性和影响。

教育正确化妆知识：教导女孩正确的化妆技巧和原则，包括如何选择适合自己肤色和年龄的化妆品、如何正确清洁皮肤等。

强调自然美：告诉女孩内在美比外在美更重要，化妆只是一种提升自信和展现自己的方式，而不是改变自己的必要手段。

限制使用：建议女孩适量使用化妆品，避免过度化妆，特别是在年龄较小的情况下，保持肌肤的健康和自然状态。

购买适当化妆品：在女孩要求使用化妆品时，建议购买适合青少年皮肤的轻薄无负担的产品，避免过多的化学成分。

建立信任和开放对话：与女孩建立信任关系，鼓励她和你们分享化妆的经验和困惑，保持开放的沟通，随时准备回答她的问题。

示范正确态度：作为父母，自己也要展现正确的化妆态度，避免过度追求外表，强调内在美和自信的重要性。

通过以上建议，父母可以引导青春期的女孩正确看待化妆，帮助她建立正确的审美观和自信心，同时保护她的肌肤健康和自然美。这样的引导方式可以让女孩在化妆过程中学会自我表达和自我保护，同时培养她正确的审美观和自我认知。

场景分析：你带孩子在商场给他买上学要穿的服装，他想买的东西不仅没必要，而且很昂贵。

提　　示：青少年不管是买运动鞋还是夹克和双肩包，他们都想紧跟潮流。为了减少购物冲突，你可以给孩子一个预算。如果孩子独自一人或和他的朋友一起去逛街，你可以给他一张信用卡，卡里打满他这一年的预算，这样他每次购物的时候就会仔细斟酌了。

对于孩子想要买限量版的球鞋，可以尝试以下对话。

父母：亲爱的，我们想和你聊一下关于篮球鞋的话题。我们知道你对球鞋很感兴趣，但是我们希望你能够正确地看待和管理这个兴趣。

孩子：嗯，好的。我喜欢收集不同款式的球鞋，觉得它们很酷。

父母：收集球鞋是一种很有趣的爱好，但是我们希望你能够明白，球鞋只是一种物品，不应该成为价值观的核心。重要的是要学会理性消费和正确看待物质。

孩子：可是我看到同学有很多漂亮的限量版球鞋，我也想要。

父母：我们完全理解你的想法，但是我们希望你能够学会区分想要和需要，不要盲目跟风。每一双球鞋背后都有一个价格，我们希望你能够懂得珍惜每一份付出和每一笔花费。

孩子：那我应该怎么做呢？

父母：首先，我们建议你制定一个预算，考虑清楚自己的经济能力，不要超出预算购买球鞋。其次，要学会欣赏球鞋的设计和功能，而不仅仅是追求品牌和限量版。最重要的是，要学会珍惜和保护自己的物品，不要过度追求新的球鞋而忽略了已有的。

孩子：好的，我会注意的。谢谢你们的建议。

父母：我们爱你，我们希望你能够在追求球鞋的同时，培养正确的消费观念和价值观，让它成为你生活的一部分，而不是生活的全部。如果你有任何问题或想要讨论的，都可以和我们分享。

通过这段对话，父母以理解和关爱的态度引导孩子正确看待球鞋，教育他理性消费和珍惜物品的重要性，同时鼓励他培养正确的消费观念和价值观。这样的沟通方式可以帮助孩子在兴趣爱好中培养正确的消费观念和价值观，让他学会理性消费，珍惜物品，以及培养正确的消费观念和价值观。

当青春期的男孩表达想要更多篮球鞋，特别是限量版时，父母可以采取以下方式来引导他。

倾听和理解：首先要倾听他的想法和需求，理解他想要这双限量版篮球鞋的原因。

教育理财观念：教导他理财的重要性，让他明白每一笔开销都需要权衡和计划，以及如何在有限的预算内做出明智的选择。

建立目标和奖励机制：帮助他设立目标，例如通过努力学习或完成家务任务来赚取额外的零花钱，作为购买限量版篮球鞋的奖励。

鼓励理性消费：教导他区分想要和需要，鼓励他思考购买限量版篮球鞋是否符合他的实际需求，以及这笔开销是否值得。

寻找替代方案：探讨是否有其他更经济合理的选择，例如购买更实用的篮球鞋或者寻找二手限量版鞋款。

分享自己的经验：父母可以分享自己的购物经验和理财故事，让他了解消费的影响和后果。

鼓励独立思考：鼓励他独立思考和做出决定，让他学会权衡利弊，培养自信和责任感。

通过以上建议，父母可以引导青春期的男孩理性看待消费和购物，帮助他建立正确的消费观念和理财意识，同时培养他的独立思考能力和责任感。这样的引导方式可以让他在成长过程中学会理性消费，做出明智的选择，同时培养他的财务管理能力和独立思考能力。

场景分析：每次孩子口中的“作业很少”在你看来都是截然不同的一个概念。孩子总是想要先玩耍再写作业。

提　　示：透过孩子的眼神，坚决地拒绝他，这样可以让他明白你的限制和你所要强调的意思。父母的拒绝源于他们自身的生活经验——并不总能如愿以偿。

当孩子想要先做别的事再完成作业时，可以尝试以下对话。

父母：亲爱的，我知道你很想出去玩，但是作业是很重要的事情，我们希望你能先完成作业再去玩。

孩子：可是我想和朋友一起出去玩，作业可以晚点再做吗？

父母：我理解你想和朋友一起玩的心情，但是作业也是你的责任，不能总是拖延。完成作业是为了你自己的学习和成长，我们希望你能够先完成作业再去享受玩乐的时光。

孩子：但是我会赶不上他们的活动，他们都已经在外面玩了。

父母：我们明白你的担忧，但是学业是你的首要任务。如果你现在不完成作业，可能会影响到你的学习成绩和未来的发展。我们希望你能够理解这一点，学会分清轻重缓急。

孩子：好吧，我会先完成作业的。

父母：谢谢你的理解和配合，我们相信你能够做出正确的选择。如果你需要任何帮助或支持，记得随时来找我们。

通过这样的对话，父母坚定地表达了完成作业的重要性，引导孩子理解学业优先的观念，并鼓励他们克服拖延的习惯，及时完成作业。同时，父母的理解和支持也让孩子感受到家庭的温暖和关怀，促使他们做出正确的决定。

对于青春期的孩子总想着出去玩而无法及时完成作业的情况，父母可以采取以下方式进行引导和建议。

建立明确的规划和时间管理：帮助孩子建立一个明确的作业计划，包括规定每天的作业时间和截止日期。教导他们如何合理分配时间，先完成作业再去玩。

设定奖励和惩罚机制：建立奖励机制，例如完成作业后可以获得额外的玩乐时间，或者设定惩罚措施，如未按时完成作业就不能出去玩。

沟通和理解：与孩子进行开放的沟通，了解他们为什么总想着先玩后学，倾听他们的想法和需求，共同找出解决问题的方法。

教育责任感和自律：教导孩子学会承担责任和保持自律，让他们意识到完成作业的重要性，以及延迟满足的价值。

提供支持和帮助：在孩子需要的时候提供支持和帮助，可以是学习上的指导或者时间管理技巧的培训，帮助他们更有效地完成作业。

鼓励自我激励：鼓励孩子树立目标和激励自己，让他们意识到完成作业的好处和重要性，培养他们自我激励的能力。

示范和榜样：作为父母要以身作则，展示良好的时间管理和自律习惯，成为孩子的榜样，激励他们效仿。

通过以上建议，父母可以引导青春期的孩子建立良好的时间管理习惯和自律意识，帮助他们克服玩乐优先的倾向，更好地完成作业并学会延迟满足，从而培养正确的学习态度和价值观。

场景分析：儿子进入青春期，再加上学业上的压力，导致他经常无缘无故对着父母发脾气。

提　　示：父母通常是青少年情感宣泄的安全对象。与对待朋友的方式不同，青少年把父母和兄弟姐妹视为生活中永远不会失去的人。因此，尽管他们可能不会对其他人表现粗鲁，但他们会对家人展现这样的行为。

面对青春期情绪波动很大的孩子，可以尝试以下对话。

父母：亲爱的，我们想和你谈一件事情，你有时间听我们说吗？

孩子：好的，我听着。

父母：我们注意到最近你的情绪有些激动，我们很关心你。我们想知道发生了什么事情，是否可以和我们分享一下？

孩子：嗯，其实最近学校的压力有点大，我感觉有些焦虑。

父母：我们完全理解，学校的压力确实会让人感到焦虑。我们想知道你有什么具体的担忧或困扰，我们可以一起找解决办法。

孩子：我觉得每天的作业太多了，压力好大，有时候觉得自己跟不上。

父母：谢谢你跟我们分享这个。我们可以一起制订一个学习计划，帮助你更好地管理作业和时间。也许我们可以探讨一下如何分配时间，或者寻求老师的帮助。

孩子：嗯，好的，我觉得这个主意不错。

父母：另外，如果你感到情绪激动或焦虑的时候，我们也可以一起找一些放松的方法，比如运动、呼吸练习或者听音乐。重要的是要知道我们都在这里支持你，无论遇到什么困难都可以一起克服。

孩子：谢谢你们，我会试着更好地处理自己的情绪，也会更加努力应对学校的压力。

父母：我们相信你有能力克服困难，我们会一直支持你的。如果有任何需要，记得随时和我们沟通。

通过这样的对话，父母通过关心和理解的态度，引导孩子表达自己的情绪和困扰，共同寻找解决问题的办法，建立起积极的沟通方式，帮助孩子更好地处理情绪和学校压力。

面对青春期孩子情绪激动、沟通矛盾重重的情况，父母可以尝试以下建议来引导他们。

保持冷静和理解：在孩子情绪激动时，父母首先要保持冷静，不要与其情绪相争。试着理解他们的情绪，倾听他们的想法和感受。

建立信任和尊重：与孩子建立信任和尊重的关系是沟通的基础。尊重他们的观点和感受，让他们感到自己的声音被听到和重视。

开放式沟通：采用开放式的沟通方式，鼓励孩子表达自己的想法和感受，不要打断他们，给予足够的时间倾听。

倾听并共情：倾听孩子的诉求，试着站在他们的角度去理解问题，表达共情和理解，让他们感受到被理解和支持。

避免指责和批评：避免在沟通中使用指责和批评的语言，而是以建设性的方式提出观点，共同探讨解决问题的方法。

设定清晰的界限：尽管要理解孩子的情绪，但也要在沟通中设定清晰的界限，让他们知道哪些行为是可以接受的，哪些是不可以接受的。

寻求专业帮助：如果情况严重，孩子的情绪问题影响日常生活和家庭关系，可以考虑寻求专业心理咨询师或心理医生的帮助。

鼓励积极的解决方案：与孩子一起寻找积极的解决方案，鼓励他们参与解决问题的过程，培养他们解决问题的能力。

通过以上建议，父母可以更好地引导青春期的孩子，帮助他们管理情绪，改善沟通的方式，建立更健康的家庭关系。与孩子之间的有效沟通和理解，是解决矛盾和问题的关键。

场景分析：你明白手机对青少年来说是与朋友保持联系的重要工具，但你希望孩子记得现实生活并非只存在于手机中。通常情况下，你知道孩子在尝试各种方法愚弄你。

提　　示：在家里设立一套家庭成员都要遵守的电子设备使用规则。在确立规则时，让孩子也提出建议，这可以增加他们遵守规定的意愿。在家中执行这些规则可以促进孩子与家人之间的互动，面对面地交流对各个年龄段的人都至关重要。

对使用电子产品无法保持自律的孩子，可以尝试以下对话。

父母：亲爱的，我们想和你谈一下手机使用的事情。我们知道手机对你来说很重要，但我们也希望你能理解家庭制定的手机使用规则对每个人都很重要。

孩子：好的，我明白。

父母：我们想和你一起制定一些明确的规则，比如在什么时候可以使用手机、使用的内容限制等。这样可以帮助我们更好地平衡手机使用和其他重要的活动。

孩子：我觉得这个主意挺好的，我也希望能更好地控制自己的手机使用时间。

父母：是的，我们也希望你能有一个健康的手机使用习惯。我们会设定一些合理的限制，同时也希望你能理解这些规则不仅适用于你，也适用于全家人。

孩子：我会尽量遵守的，我也明白规则的重要性。

父母：另外，我们会示范良好的手机使用行为，希望你也能从我们身上学到正确的榜样。如果你遵守规则，我们也会有一些奖励机制来鼓励你。

孩子：谢谢你们，我会尽力遵守规则的。

父母：最重要的是，我们希望你能理解这些规则的目的是让我们都能有更健康的生活方式，多参与各种活动，而不是过度依赖手机。如果有任何问题或者想法，随时都可以和我们沟通。

通过这样的对话，父母以理解和支持的态度引导孩子理解并遵守家庭制定的手机使用规则，强调规则的重要性和目的，以及家庭成员共同遵守规则的重要性，帮助孩子养成健康的手机使用习惯。

在处理青春期孩子对手机使用的需求时，父母可以采取以下建议来引导孩子，让他们理解并遵守家庭制定的手机使用规则，以确保规则对家庭中的每位成员都有效。

建立开放的沟通：和孩子坦诚地讨论手机使用的重要性和影响，听取他们的想法和需求，共同制定家庭的手机使用规则。

设定明确的规则：与孩子一起制定明确的手机使用规则，包括使用时间、内容限制、家庭活动期间的规定等，确保规则清晰易懂。

制定共同遵守的规则：让孩子明白手机使用规则不仅适用于他们，也适用于家庭中的每位成员，形成共同遵守的家庭规范。

设定合理的限制：根据孩子的年龄和情况，设定合理的手机使用时间和内容限制，鼓励他们在适当的时间进行放松和与朋友保持联系。

示范行为：作为父母，要以身作则，展示良好的手机使用习惯，让孩子从你们身上学到正确的行为模范。

奖励和惩罚机制：设立奖励机制鼓励孩子遵守规则，同时也要有适当的惩罚措施，让孩子明白违反规则会带来后果。

鼓励多样化的活动：除了手机，鼓励孩子参与各种多样化的活动，如户外运动、阅读、艺术等，帮助他们拓展兴趣爱好，减少对手机的依赖。

定期检讨和调整规则：定期与孩子讨论手机使用规则的执行情况，根据实际情况调整规则，保持规则的灵活性和适应性。

通过以上建议，父母可以引导青春期孩子理解并遵守家庭制定的手机使用规则，让他们明白规则的重要性，并在家庭中形成良好的手机使用习惯。

成年子女应该独立

尽管高度互联的社会关系带来了许多好处，但孩子们几乎失去了自主权。父母从孩子很小的时候开始对他们的生活进行细致管理，导致在很多情况下，他们养育的孩子长大成人后仍缺乏独立思考和行动能力。不论孩子成年后是与你同住、在大学宿舍独自生活，还是大学毕业后独立居住，他们都会在生活中寻求你的情感和经济支持。

如果在孩子小时候就不懂得如何拒绝他们，那要想打破他们对你的依赖并督促他们独立就有些晚了。虽然你想表现出关心和关怀，但在某些情况下，父母的支持可能适得其反。你应该学会拒绝过度干涉他们的问题、解决冲突或在经济上帮助他们的请求。

有时，你的忠诚和乐于助人可能会误导。现在是时候让你的成年子女自己照顾好自己了。

场景分析：空巢综合征对父母和孩子都是一个挑战。你能感受到孩子的痛苦，自从她离开家后，你自己也一直感到痛苦。你既不反对她搬回家，也不反对她在当地继续上学。但同时，你也相信，如果她能克服眼前的困难，她将会变得更加坚强。

提　　示：给孩子一些时间，让她在学校里结识新朋友，和他们一起探索周边地区，寻找新的兴趣和需求。等过一段时间，当你们都更好地适应这种分离后，再和她讨论是否回家的事。

对处于陌生环境焦躁不安的孩子，可以尝试以下对话。

父母：亲爱的，我们知道你最近在大学里可能感到有些困难和不适应。可以告诉我们具体是什么让你感到困扰吗？

孩子：妈妈，爸爸，我觉得在新的学习模式和环境下有些吃力，也不太适应和新同学的相处方式。有时候我甚至想回家。

父母：我们完全理解你的感受，适应新环境确实需要一些时间。但是，我们相信你有足够的能力克服这些困难。你可以告诉我们具体遇到了什么问题吗？

孩子：我觉得学习压力大，而且和新同学之间的交流也有些困难，让我感到有些孤独。

父母：这些困难是可以理解的，但是也是成长的一部分。我们建议你多参与校园活动，加入一些社团或俱乐部，这样可以更快地结识新朋友，缓解孤独感。

孩子：好的，我会试一试。谢谢你们的理解和建议。

父母：同时，如果你觉得困难无法自行克服，也可以考虑与学校的辅导员或心理健康服务机构联系，寻求专业帮助和支持。我们会一直支持你，无论你做出什么决定，我们都在这里。

孩子：谢谢你们，我会努力的。我会试着克服这些困难，也会尝试参与更多的校园活动。

通过这样的对话，父母向孩子传达理解、支持和鼓励，帮助孩子勇敢面对适应困难，同时提供实际的建议和引导，让孩子感受到家人的支持与关爱。这种沟通方式有助于孩子逐渐适应新环境并克服困难。

当孩子刚上大学遇到适应困难时，作为父母可以采取以下建议来引导和支持他们。

倾听和理解：首先要倾听孩子的情绪和困扰，让他们表达内心的不安和压力，理解他们的感受。

鼓励面对挑战：鼓励孩子勇敢面对适应期的挑战，告诉他们适应新环境是一个过程，需要时间和努力。

提供支持和鼓励：表达对孩子的支持和信任，鼓励他们尝试新的学习模式和结识新同学，相信他们有能力克服困难。

分享自己的经历：可以分享自己曾经面对类似困难时是如何克服的经验，让孩子知道适应困难是正常的过程。

建议寻求帮助：鼓励孩子与学校的辅导员或心理健康服务机构联系，寻求专业帮助和支持。

提供实际帮助：可以帮助孩子制订学习计划、规划自习时间，或者提供一些建议来适应新的学习模式。

保持联系：保持与孩子的沟通和联系，让他们知道家里随时支持他们，可以随时和家人分享自己的困扰和困难。

鼓励参与校园活动：建议孩子参与校园活动、社团组织或志愿者工作，帮助他们更快地融入新的环境，结识新朋友。

重申支持回家的决定： 如果孩子坚持想回家，父母可以再次表达支持孩子的决定，但也要鼓励他们尝试适应新环境，给自己一些时间。

通过以上建议，父母可以在孩子适应困难时提供支持和引导，帮助他们勇敢面对挑战，逐渐适应新的学习环境和生活方式。

场景分析：从孩子上学开始，一直到高中毕业，你一直帮助他检查论文和报告，他已经习惯依赖你的建议和修改。

提　　示：作为父母，你希望能够帮助孩子，但现在是时候让孩子自己完成这些任务了，或者在学校里找一个编辑帮忙修改。你作为“读者”和“老师”的角色应该在几年前就结束了。

对于做事情过度依赖父母的孩子，可以尝试以下对话。

父母：亲爱的，我们需要和你谈谈关于作业修改的事情。我们知道在过去，我们经常帮你修改作业，但是现在你已经上大学了，我们觉得你需要逐渐独立完成作业。

孩子：但是我还不太确定自己能不能完全独立完全完成作业，有些时候还是需要你们的帮助和建议。

父母：我们完全理解你的担忧，但是大学阶段的作业是为了让你独立思考和解决问题。我们希望你能尝试自己完成作业，如果遇到困难，我们会在一旁提供支持和指导，但不会直接替你修改作业。

孩子：好的，我会试一试。可能需要一些时间来适应这种变化。

父母：没问题，我们会一直支持你的努力。同时，我们也可以制定一些奖励机制，鼓励你独立完成作业，这样你会更有动力去尝试。

孩子：谢谢爸爸妈妈，我会努力尝试一下的。

父母：我们相信你有足够的能力独立完成作业，这也是你成长和发展的重要一步。如果有任何困难，记得随时和我们沟通，我们会一起克服。

通过这样的对话，父母向孩子传达了理解和支持，同时鼓励孩子独立完成作业，帮助他们逐渐摆脱依赖性，培养自主学习和解决问题的能力。这种沟通方式有助于孩子适应新的学习环境，同时建立独立性和自信心。

父母可以通过以下方式来帮助孩子改变依赖他们修改作业的习惯。

明确沟通：父母可以坦诚地和孩子沟通，说明大学阶段需要独立完成作业和思考，帮助他们意识到这一点的重要性。

设立界限：父母可以和孩子达成共识，制定明确的界限，告诉孩子在大学阶段应该独立完成作业，家长的角色是提供支持和鼓励，而不是代替他们完成任务。

鼓励自主学习：父母可以鼓励孩子养成自主学习的习惯，包括独立思考、自主查找资料和解决问题的能力，帮助他们逐渐摆脱依赖性。

示范良好行为：父母可以通过自己的行为示范独立思考和解决问题的能力，让孩子看到独立完成任务的重要性和价值。

提供支持与指导：父母可以扮演支持者和指导者的角色，鼓励孩子在遇到困难时自己思考解决方案，提供必要的指导和建议，而不是直接修改作业。

建立奖励机制：父母可以和孩子商定奖励机制，鼓励他们独立完成作业，例如完成作业后可以一起庆祝或获得一些奖励。

尊重孩子的独立性：父母要尊重孩子的独立性，让他们有机会犯错和学习，帮助他们建立自信和解决问题的能力。

通过以上方法，父母可以帮助孩子逐渐摆脱依赖他们修改作业的习惯，培养孩子独立思考和解决问题的能力，让他们在大学阶段更好地适应新的学习环境。

场景分析：儿子总是向你哭穷，请求经济援助。你发现自己陷入了一个怪圈：他向你要钱，你犹豫不决，但最终每次都会给他钱。你希望停止给予儿子经济支持，但不知道如何做才好。

提　　示：人们往往难以改变本性。面对这种情况，你需要改变态度和处理方式。准备好拒绝再次向孩子提供经济援助。

对于已经有收入，却不知道规划支出，时常来寻求经济帮助的孩子，可以尝试以下对话。

父母：亲爱的，我们需要和你谈谈关于你的财务管理的事情。我们注意到你最近经常向我们要钱，但我们觉得这并不利于你的财务独立性和成长。我们希望能和你一起制定一些财务规划，帮助你更好地管理自己的钱财。

孩子：但是我觉得我还不太擅长管理自己的财务，有些时候确实需要额外的支持。

父母：我们完全理解你的想法，但是我们相信通过一些规划和努力，你可以逐渐学会独立管理财务。我们可以一起制订一个预算计划，帮助你更好地控制支出和储蓄。

孩子：好的，我愿意尝试。可能需要一些时间来适应这种改变。

父母：没问题，我们会一直支持你的努力。同时，我们也可以提供一些财务管理方面的建议和帮助，让你更好地理解如何合理规划支出。

孩子：谢谢你们的理解和支持，我会努力学习如何独立管理财务。

父母：我们相信你有能力做到，财务独立是每个成年人都需要学会的重要技能。如果你有任何困难或问题，记得随时和我们沟通，我们会一起解决。

通过这样的对话，父母向孩子传达了理解和支持，同时鼓励孩子独立管理财务，帮助他们逐步建立正确的财务观念和独立负责任的态度。这种沟通方式有助于孩子逐渐学会自主管理财务，实现财务自立，同时也增强了家庭成员之间的沟通和信任。

对于已经工作但没有财务规划，经常向家长要钱的情况，家长可以通过以下方式来拒绝并给予建议。

建立明确的沟通：和孩子坦诚沟通，说明家庭经济状况和你们的担忧，强调财务自立的重要性。

制订预算计划：帮助孩子制订个人预算计划，包括收入、支出和储蓄，教导他们如何合理规划支出。

鼓励自主管理财务：鼓励孩子独立管理自己的财务，包括支付账单、理财投资等，让他们意识到自己的责任和独立性。

设立界限：明确表明家长的资助有限，帮助孩子明白他们需要自己承担一部分开支。

提供支持与建议：在财务管理方面提供必要的支持和建议，帮助孩子学会理性消费和储蓄。

鼓励寻找额外收入：鼓励孩子寻找额外的工作机会或提升自己的技能，增加收入来源。

建立奖励机制：设立奖励机制，鼓励孩子按照预算计划执行，奖励他们的理财行为。

尊重孩子的独立性：尊重孩子的选择和决定，同时帮助他们认识到理财的重要性，培养独立负责任的态度。

通过以上方法，家长可以帮助孩子建立正确的财务观念和独立管理能力，让他们逐渐摆脱对家长经济支持的依赖，成为理性消费和独立生活的人。

场景分析：你和女儿住得很近，这很方便，但你自己一整天都在工作，已经筋疲力尽，晚上无法再陪外孙玩耍了。这周你已经帮女儿照看孩子好几次了，她可能希望你再次帮忙。

提　　示：尽管你不想让女儿失望，也愿意花时间和孩子们在一起，但你必须先照顾好自己的生活和健康。你也有自己的原则，同时也需要维持自己的社交生活。

对于女儿多次突然要求你帮忙照看孩子这件事，可以尝试以下方式进行沟通。

女儿：妈妈，爸爸，能不能今天下午过来帮我照看孩子几个小时？我有急事需要处理。

父母：亲爱的，我们理解你的情况，但是我们今天已经有安排了，无法突然改变计划。下次如果需要帮忙照看孩子，能提前告诉我们吗？

女儿：可是这件事情真的很紧急，我找不到其他人帮忙。

父母：我们知道你的情况很紧急，但我们也有自己的事情需要处理。为了更好地协调时间，下次能提前通知我们吗？这样我们可以更好地安排时间来帮助你照看孩子。

女儿：好的，我以后会提前告诉你们的。谢谢你们的理解。

父母：没关系，我们总是愿意帮助你的，但也希望你能理解我们有时候也有自己的安排。如果有其他紧急情况，我们会尽力帮助你找到解决方案。

通过这样的对话，父母明确表达了自己的需求和限制，同时给予女儿建议和提醒，帮助她更好地安排孩子的照看事宜。这种沟通方式有助于建立双方的理解和尊重，同时也能有效地解决突发情况下的照看孩子的问题。

对于女儿突然让父母过去帮她照看孩子的情况，父母可以通过以下方式来拒绝并给予建议。

明确表达自己的需求和限制：父母可以坦诚地和女儿沟通，说明自己也有自己的事情需要处理，不能总是在很突然的时间过去照看孩子。

提前安排：建议女儿提前通知父母需要帮忙照看孩子的时间，这样父母可以提前安排自己的事务，更好地配合女儿的需求。

制订计划：建议女儿制订一个固定的照看孩子的计划，这样父母可以提前安排自己的时间，也更容易协调双方的时间安排。

寻找其他帮助：鼓励女儿寻找其他可靠的照看孩子的帮助，例如托儿所、保姆或其他家庭成员，分担父母的照看压力。

建立界限：父母可以适当地设立界限，让女儿意识到父母也有自己的生活和事务需要处理，不能随时随地都能提供帮助。

提供支持和理解：父母可以表达自己愿意帮助的态度，但也需要女儿理解他们的困难和需求，共同寻找解决方案。

通过以上方式，父母可以有效地拒绝女儿突然让他们照看孩子的请求，同时给予建议和支持，帮助女儿更好地安排孩子的照看事宜，也让父母能够更好地处理自己的事务和时间安排。

chapter 5

拒绝职场焦虑

工作不是生活的全部

也许你是一个工作狂，担心如果不按别人的要求工作，他们会不喜欢你，或认为你不称职。想想看，这样的想法会让你付出何等代价呢？

这种行为会严重影响你的个人生活，导致你经常迟到或被迫取消约会，以及与家人和朋友相处的时间减少。更重要的是，如果你工作过度而导致身体不适，你将无法有效地帮助他人。额外压力会带来诸多负面反应，如影响睡眠和饮食，或使你长期处于焦虑状态，这些都会影响你的工作表现，甚至收到负面评价，而你之所以如此努力工作，正是为了避免这些情况发生。对你和你所珍爱的人来说，保持生活的平衡至关重要。最佳生活往往是各方面平衡的结果。

身居高位的老板和同事通常明白他们提出的要求可能超出合理范围。他们以特有的语气道歉或表现犹豫不决，是因为他们更愿意接受你的拒绝，而不是受到反对。至少这样你会知道你的上司对于你的选择或谈判是持开放态度的。

大多数人对自己的偏见和担心他人不公正评价的担忧都被夸大了。与其在犹豫中纠结于是否要说“不”，不如坦然表达出来。说“不”有助于避免不必要的义务，对你将大有裨益。

场景分析：午餐时间到了，当你正准备外出享用午餐，突然手机弹出一则新消息。经理写道："需要人帮忙找出合同中的错误，请尽快回复。"办公桌上堆满了待办事项、项目文件和各式午餐包装，你疲惫不堪，渴望呼吸新鲜空气。

提　　示：即使是短暂的30分钟休息，或者独处时间，也能满足你的需求。事实上，午间短暂休息能为员工充电，提高接下来工作的效率。研究表明，这种"个人休息"有助于医生在剩下的工作时间里恢复精力，提高工作效率；反之则可能导致疲劳。休息、用餐、运动或其他非工作相关活动对提高工作效率至关重要。

当午餐时间经理要求帮他整理出合同中的问题，一上午的高强度工作你已经很累了，这时候该怎么拒绝，可以尝试以下对话。

经理：嗨，你好！你现在能帮我整理一下合同中的问题吗？

你：经理，谢谢您信任我的能力。我刚刚连续工作了一上午，感觉有点疲惫，需要稍作休息和恢复精力。您的请求很重要，我想知道是否可以稍后处理这个问题，或者明天开始专门处理这个任务？

经理：哦，好的。这个任务确实比较紧急，但如果你需要休息，我可以理解。我会看看是否有其他同事可以帮忙处理这个问题。感谢你的反馈。

你：非常感谢您的理解，我会尽快恢复精力，确保能够全力以赴地完成工作。如果需要我在其他方面提供帮助，请随时告诉我。

经理：好的，谢谢你的配合。如果有需要，我会找其他同事来处理这个任务。希望你能尽快恢复精力，我们会在需要时再联系你。

通过这样的对话，你可以委婉地拒绝经理的请求，同时保持了良好的沟通和合作关系。

在这种情况下，你可以委婉地拒绝经理的请求，并提出合理的理由，以下是一些建议。

礼貌地表达感谢和理解：首先要感谢经理的信任和重视，并表示理解他的紧急需求。

说明你的当前情况：说明你已经连续工作了一上午，需要休息和恢复精力，这对于提高工作效率和质量非常重要。

提出延后处理的建议：建议是否可以在稍后的时间处理这个问题，或者明天开始专门处理这个任务，以确保能够全力以赴地完成工作。

寻求他人帮助：如果可能的话，可以建议其他同事或团队成员暂时处理这个任务，或者提供一些临时的解决方案。

保持积极的态度：尽量保持积极的态度，表现出你愿意帮助解决问题，只是现在的时机不太合适。

总的来说，重要的是要坦诚、尊重和理解地沟通，同时确保自己的需求和边界得到尊重和体谅。

场景分析：你的上司询问："新客户有个紧急订单，你能负责吗？"听到上司的问题时，你意识到自己已经承担了另一个项目，感到压力重重。在如此紧迫的情况下，你难以想象如何腾出时间来处理另一个客户的需求。因此，在做出回应之前，你需要仔细考虑自己的准备情况，以及是否能够有效地统筹新客户的要求和自己的计划。

提　　示：当你已经负担了足够多的工作时，增加额外任务并不一定会提高工作保障，反而可能加剧焦虑，并可能降低工作效率。

在如此紧迫的情况下，无法再承担一个新项目了，这时候该怎么拒绝，可以尝试以下对话。

你：嗨，经理，关于新客户的紧急订单，我真的很感谢您考虑让我负责。不过，我目前已经承担了另一个项目，时间和精力都已经被充分占用，难以立即承担额外的工作。

经理：哦，我完全理解你的情况。这个订单确实很紧急，但我也明白你目前的工作负荷。你有什么建议吗?

你：我想知道是否有其他同事可以协助处理这个紧急订单？或者我们是否可以重新安排项目的优先级，以便我能腾出时间来处理新的需求?

经理：好的，让我看看是否有其他同事可以帮忙处理这个订单。我会和团队讨论一下是否可以调整项目的优先级。非常感谢你的诚实反馈。

你：非常感谢您的理解和支持。尽管我暂时无法承担这个任务，但我愿意在可能的情况下提供帮助或支持。请随时告诉我您的决定，我会尽力配合。

通过这样的对话，你能够委婉地拒绝上司的请求，同时提出合理的建议，并展现出合作的态度，保持了良好的沟通和合作关系。

在这种情况下，你可以委婉地拒绝上司的请求，并提出合理的理由，以下是一些建议。

表达感谢和理解：首先要感谢上司对你的信任，并表示理解新客户订单的紧急性。

说明你的当前情况：诚实地说明你已经承担了另一个项目，目前时间和精力都已经被占用，难以承担额外的工作。

提出解决方案：可以建议是否有其他同事可以协助处理这个紧急订单，或者询问是否可以调整项目的优先级，以便腾出时间来处理新的需求。

表达愿意帮助的态度：尽管无法立即接受这个任务，但表达你愿意在可能的情况下提供帮助或支持。

保持积极的沟通：确保沟通中保持开放和诚实，同时表达你的工作负荷和时间安排，以便上司能够理解你的处境。

总的来说，重要的是坦诚、尊重和理解地沟通，同时确保自己的需求和边界得到尊重和体谅。

场景分析：领导跟你说，“只有你打这些电话，我才能放心。”这有点滑稽，明明还有其他同样有能力的人可以打这些电话。

提　　示：要巧妙地避而不谈，不要直接拒绝，可以通过赞美他人来间接推辞任务。你可以提供一些实质性的建议，指导他们如何完成这项任务，以便自己脱身。

明明有别人可以承担这个工作，可领导却总是在你很忙的情况下，还是要来找你处理，可以尝试以下对话。

你：领导，非常感谢您对我的信任和支持。我明白您希望我打这些电话让您放心，但我想提出一个建议。

领导：嗯，什么建议？你有什么想法？

你：团队中还有其他同样有能力的同事可以胜任这个任务。他们也具备完成这项工作所需的技能和经验。如果让他们参与，我们可以更好地分担工作，确保任务顺利完成。

领导：但我只信任你来处理这件事情。你认为其他人也能胜任吗？

你：我相信团队中的每个人都有能力胜任这个任务。团队合作对于我们的工作非常重要，让我们共同努力，可以更高效地完成任务。

领导：好吧，我会考虑一下让其他人参与这项任务。谢谢你的建议。

你：非常感谢您的理解。我会尽力支持团队的工作，无论是直接参与还是提供支持。如果还有其他需要，请随时告诉我。

通过这样的对话，你委婉地拒绝了领导的请求，提出了合理的建议，并强调了团队合作的重要性，保持了良好的沟通和合作氛围。

在这种情况下，你可以委婉地拒绝领导的请求，并提出合理的解释，以下是一些建议。

表达感谢和理解：首先要感谢领导对你的信任，并表示理解他的担忧和需求。

指出其他同事的能力：可以提及团队中其他同样有能力的人可以胜任这项任务，强调团队合作和资源的共享。

提出解决方案：建议领导让其他同事参与这项任务，或者提供支持和协助，以确保任务顺利完成。

强调团队合作：强调团队合作的重要性，让领导意识到团队中每个人都有能力和责任承担不同的任务。

保持积极的沟通：确保沟通中保持开放和诚实，同时表达你的工作负荷和需求，以便领导能够理解你的立场。

通过这样的沟通方式，你可以拒绝领导的请求，同时展现出团队合作的精神，保持良好的工作关系和沟通。

场景分析：你已经知道有位同事即将离职，但没有预料到他的工作会转给你。虽然你无法拒绝，但需要提出一些条件。

提　　示：询问老板关于为同事的工作提供替代的时间长度，可以让老板意识到这些额外工作对你来说是一种负担。提出你有其他优先完成的工作，并希望延长额外工作的截止日期，给自己一些喘息的空间。

领导要把离职同事手上的工作转交给你，可以尝试以下对话。

你：领导，我听说了同事即将离职的消息，我愿意接手他的工作，但我希望能提出一些条件。

领导：当然，请告诉我你的条件是什么。

你：首先，我希望我们能明确新工作的范围和期限。这样能让我更好地规划和执行任务。

领导：好的，这很重要。还有其他条件吗？

你：我希望能得到必要的资源支持，包括人力和技术支持，以确保工作顺利进行。

领导：明白了。除此之外，你还有其他需求吗？

你：另外，如果可能的话，我希望能接受一些培训或支持，以便更好地适应新的工作要求。

领导：好的，这些条件都很合理。我们会尽力支持你的工作。有关工作量和时间安排，你有什么想法吗？

你：我希望能与您商讨工作量的合理分配，并确保时间安排能够兼顾其他工作和个人生活。

领导：明白了，我们会考虑这些因素。谢谢你提出这些条件，我们会共同努力确保工作顺利进行。

通过这样的对话，你委婉地提出了条件，以确保自己能够有效地承担新工作，并与领导建立了清晰的沟通和合作关系。

在这种情况下，你可以接受工作转给你，但同时提出一些条件以确保你能够有效地承担这项责任。以下是一些建议。

明确工作范围和期限：确保明确了新工作的具体范围、责任和期限。这有助于避免混淆和不必要的压力。

资源支持：确保你会得到必要的资源支持，包括人力、财力和技术支持，以顺利完成新工作。

培训和支持：如果需要，要求获得培训或支持，以便更好地适应新的工作要求和挑战。

工作量和时间安排：确保工作量合理分配，并与领导讨论时间安排，以确保你能够兼顾其他工作和个人生活。

绩效评估和反馈：商讨关于工作表现评估和定期反馈的机制，以确保你能够了解自己的表现并不断改进。

通过提出这些条件，你可以在接受新工作的同时确保自己的权益和工作效率。这样的沟通方式可以帮助你与领导建立清晰的期望和合作关系。

场景分析：经理对你的工作效率表示赞赏："你处理事情的速度真是快！能否在5点之前处理完一份额外的报告呢？"你的工作速度快是因为你希望尽快完成任务，从而能够清空待办事项，回家时不必为未完成的工作而担忧。同时，你也意识到更多的任务代表着更多的展示机会。

提　　示：拒绝额外任务可能对声誉造成影响，但在接受额外任务时，也要给自己取得成功的机会。

领导在夸奖你的同时，又给你安排了一些额外的任务，可以尝试以下对话。

员工：谢谢您的认可，我很高兴您对我的工作效率印象深刻。通常我会尽力迅速完成任务，这样在工作结束时我可以放心离开，不必担心未完成的工作。我希望能有一定的工作空间，让我更好地平衡工作和生活。尽管如此，我会努力在5点之前完成额外的报告，因为我愿意接受挑战并展示我的能力。我也意识到更多的任务代表着更多的展示机会，我很乐意接受这个挑战。

经理：非常感谢你的诚实和承诺。我理解你的需求，我们会尽量支持你在工作和生活之间取得平衡。如果有任何需要帮助的地方，请随时告诉我。

员工：非常感谢您的理解和支持！我会尽全力完成这份报告并确保质量。但是如果其中遇到一些困难，没有按时完成，也请您理解，毕竟这个任务有些着急，我没有更多时间去了解更多信息。感谢您给我这个机会展示我的能力。

经理：很高兴听到这样的回应，期待看到你的表现。如果需要任何支持或资源，请随时告诉我，如果5点之前没有完成也没有关系，我来协调其他事情。我们团队需要像你这样积极进取的成员。

通过这样的对话，员工表达了个人需求和承诺，同时展现了愿意接受挑战和展示能力的态度，而经理也表达了理解和支持，为员工提供了必要的支持和鼓励。

在这种情况下，你可以委婉地表达自己的想法，同时尊重经理的要求。以下是一些建议。

感谢经理的认可：首先，对经理对你工作效率的赞赏表示感谢，让经理知道你珍惜他的认可。

解释个人情况：说明你迅速完成任务的原因，即希望能在工作结束时放心离开，避免担忧未完成的工作。这有助于经理了解你的动机。

承诺努力完成：尽管有个人考虑，但表达你会尽力完成额外的报告，并尽量在5点之前完成。

提出合理请求：如果有必要，你可以请求一些支持或资源，以帮助你更快地完成额外的报告。

谈论展示机会：提及你意识到更多任务代表着更多的展示机会，表明你愿意接受挑战并展示自己的能力。

通过这些条件，你可以表达自己的想法，同时展现出你的积极性和愿意接受挑战的态度。

保护自身权利

有时候，在职场中，超额完成任务和提升个人声誉是一回事，但不断承担过多责任并接受过多工作则是另一回事。超越自身能力范围去帮助老板或同事很容易引发问题。当老板和同事需要完成额外工作时，他们会倾向于将责任推给谁？而当问题出现时，他们会寻找谁来批评？往往是你。

或许你担心拒绝后自己的工作会受到影响；或者帮助他人减轻负担会让你感到满足。不妨问问自己：我帮助同事的次数是否比他们帮助我的多？我是否仅仅因为希望一切顺利而盲从焦虑的老板要求？或许你已经开始用个人成就来定义自我，而非工作职责。

若想了解与角色相关的任务，可以列出一份想要完成的任务清单。有了清单，你就能更容易拒绝不在其中的请求。若同事要求你做一件不重要的事，你可以简单回答："这不在我的清单上，我无法优先处理。"

场景分析：你的同事给你发信息说："这周真的太累了，能帮我完成剩下的部分吗？"他把自己还未完成的一半工作分派给了你。他没有道歉，也没有提到下次会帮你，甚至连一句感谢的话都没有。这种行为显得非常自私。你乐意为公司做出贡献，但同事的请求让你感到非常愤怒。

提　　示：他只在考虑自己。提示：他表现出应该得到你支持的态度。把你的精力用在那些值得赞赏的同事身上吧。

面对没有完成自己工作来寻求你帮助的同事，该怎么拒绝，可以尝试以下对话。

同事：这周真的太累了，能帮我完成剩下的部分吗？

你：抱歉，我理解你的处境，但我目前的工作量也很大，无法帮你完成剩下的部分。我建议你尽快完成这部分工作，或者考虑寻求其他同事的帮助。希望你能理解，我的时间和精力也是有限的。

同事：哦，好吧，我会想办法的。

你：谢谢你的理解，希望事情能顺利解决。如果有其他方面需要帮助，可以随时告诉我。

通过这样的对话，你坚定地表达了自己的立场，拒绝了同事的请求，并提供了建议。同时保持了礼貌和尊重，让同事意识到你的工作边界，同时鼓励他寻求其他解决方案。

在这种情况下，拒绝同事的请求是完全合理的，以下是一些建议。

保持礼貌：在拒绝同事的请求时，保持礼貌和友好。不要因为他的行为而失去自己的风度。

明确表达：直接而坦诚地表达自己的立场。说明你当前的工作量也很大，无法承担额外的工作负担。

提出解决方案：如果可能的话，可以提出一些解决方案，例如推迟任务的截止日期或者建议他向其他同事寻求帮助。

设立界限：明确表达你的工作边界，让同事知道你的时间和精力也是有限的。

建立良好沟通：在拒绝的同时，可以提醒同事未来应该更加考虑他人的工作负担，并建立相互支持的工作文化。

通过以上内容，你可以拒绝同事的请求，同时保持礼貌和坦诚，让他意识到你的工作边界，同时提醒他在未来更加考虑他人的工作负担。

场景分析：立马要开会了，你的同事扔给了你一张纸，请求："帮我读一下，确保一切顺畅。"你花费大量时间来协助他人应对危机。这似乎是展现你作为一个有价值员工的标志，对吧？今天的校对只是你同事众多小要求中的一项，但这实在让人感到恼火。

提　　示：有一个很好的方法来判断你的善举是否总是被滥用，就是问问自己："这个人在寻求帮助之前是否会犹豫？他们是否考虑过回报这次帮助？"只对你确信自己能做到的事情说"好"，并且要表现得乐意。如果你在慷慨帮助他人时表现出不悦，就可能被视为不愿意帮助他人的员工。

会议马上就要开始了，同事来寻求你的帮助，可以尝试以下对话。

同事：亲爱的，马上要开会了，能帮我读一下这张纸上的内容吗？一定要保证一切顺畅啊。

你：抱歉啊，我现在正准备参加会议，时间比较紧张。你可以先自己看一遍，如果有什么问题，我会尽快帮你解决。

同事：但是我真的需要你的帮助，每次你帮我都能很快解决问题。

你：我理解你的情况，但最近工作任务比较紧，我也需要集中精力完成自己的工作。或许我们可以讨论一下如何更好地分配工作，让大家都能更高效地完成任务。

同事：好吧，我明白了。我会先看一下，有问题再找你帮忙。

你：谢谢你的理解，我们可以一起找出更好的解决方案。如果有其他方面需要帮助，我还是会尽力支持的。

通过这段对话，你表达了自己的立场并提出了合作的建议，同时让同事意识到你的时间也是有限的。这种沟通方式有助于建立良好的工作关系，同时保护自己的时间和精力。

面对这种情况，你可以通过以下方式来处理。

设立边界：明确自己的工作优先级和时间管理。学会拒绝一些不必要的请求，尤其是在时间紧迫的情况下。

沟通：与同事坦诚沟通，说明你也有自己的工作任务需要完成，希望能够互相理解和支持。

建立规则：如果这种情况经常发生，可以考虑与同事制定一些共同的规则或约定，以便更好地分配工作和责任。

提供培训：如果同事需要帮助来应对类似的情况，可以考虑提供一些培训或资源，以便他们能够更好地独立应对问题。

寻求支持：如果你感到压力很大，不要犹豫寻求支持。可以与领导或人力资源部门沟通，寻求解决方案。

通过这样的回答，你可以表达自己的立场，同时提供一些建议来改善合作方式，让同事意识到你的时间也是有限的，同时鼓励他们更加独立地解决问题。

场景分析：“今天早上有个新助理开始工作，你可以帮忙教她吗？”即使你已经升职，之前的同事有时候还会向你求助。他们可能还把你当作原来的角色。

提　　示：一旦确定其他人会负责培训新人，你需要巧妙地提醒他们，你已经不再扮演那个角色。

同事选择忽略你的新身份，请求你帮她解决新员工的问题，可以尝试以下对话。

同事：亲爱的，我有一个小问题需要你帮忙解决一下，可以吗?

你：当然，我很乐意帮助你。不过，我现在的工作重点已经有所改变，可能无法像以前那样及时帮你解决问题，可能阿琳对这个事情更熟悉，你也可以先去问问他。

同事：哦，但这只是一个小问题，你应该很快就能帮我解决。

你：建议你先尝试解决一下，如果还有困难，可以查阅我们的文档或寻求其他同事的帮助，我也会尽量在空闲时间给予支持。

同事：好的，那我自己先试一下。

你：不客气，我们可以一起探讨更好的解决方案。如果有其他方面需要帮助，欢迎随时来找我。谢谢理解。

通过这段对话，你向同事表达了自己的新职责和工作重心的变化，同时提供了支持和建议让他们尝试自行解决问题。这种沟通方式有助于建立新的工作关系，并让同事逐渐适应你的新角色。

面对这种情况，你可以采取以下方法来拒绝同事的小事求助。

明确表达变化：在和同事交流时，可以明确表达你的新角色和职责，让他们了解你的工作重心已经发生变化。

提供资源和指导：可以向他们提供一些资源或指导，帮助他们自行解决问题，同时表达你的支持和希望他们能够独立应对。

设立边界：制定自己的工作优先级和时间管理，明确告诉同事你的时间有限，需要集中精力完成新的工作任务。

引导他们寻求其他帮助：鼓励同事寻求其他资源或寻求其他同事的帮助，让他们逐渐习惯寻求其他解决方案。

建立新的合作方式：可以和同事商讨建立新的合作方式，例如定期会议或指导时间，以便更好地支持他们并保持工作关系。

通过以上内容，你向同事传达了自己的新角色和职责，同时提供了支持和帮助的意愿，但也明确表达了自己的时间和精力有限，希望他们能够逐渐独立解决问题。这样的沟通有助于建立新的工作关系，同时保护自己的时间和精力。

场景分析：公司正在推行一项举措，试图改变团队的组织方式，部分员工认为这是不公平的管理方式，但你对这项举措持有两面的看法。一些同事找到你，希望你能支持他们的看法，尝试把你拉入他们的队伍，以向公司施加压力。

提　　示：请记得你自己的观点，不要轻易改变自己的看法，并且考虑你的团队成员或下属的看法。通过表达你的保留意见来支持你的同事。

面对来“拉帮派”的同事，可以尝试以下对话。

同事A：我知道你也对这项新举措有所保留，我们需要你的支持，一起向公司施加压力，让他们知道我们的不满。

你：我理解你的立场，我也对这项举措持有一些疑虑。但我认为我们可以通过内部沟通和合作来解决这个问题，而不是通过施加压力。我希望能够保持中立立场，以客观的态度看待公司的决策。

同事B：但如果我们不采取行动，公司可能不会意识到我们的不满，这样问题就无法得到解决。

你：我同意我们需要表达意见，但我认为我们可以选择更有建设性的方式。也许我们可以提议会议或寻求其他途径，直接与管理层沟通，让我们的声音得到听取。

同事A：好吧，我明白你的立场。或许你有点道理，我们可以考虑其他方式来表达我们的看法。

你：谢谢理解。我相信通过团队合作和建设性沟通，我们可以找到解决问题的最佳途径。如果有任何想法或建议，我很乐意和大家一起探讨。

通过这段对话，你成功表达了自己的立场，强调了团队合作和建设性沟通的重要性，同时提出了寻求其他途径解决问题的建议。这种沟通方式有助于避免被拉入对立队伍，促进团队内部的合作和理解。

面对这种情况，你可以采取以下方法来拒绝同事的请求，并保持中立立场。

坦诚沟通：与同事坦诚沟通，表明你对公司的举措持有不同看法，理解他们的立场，但也认识到举措可能有其合理性。

保持中立：强调你希望保持中立立场，不愿意加入任何一方，因为作为员工，你希望以客观的态度看待公司的决策。

提供理解和支持：表达对同事立场的理解，但同时指出你希望能够在公司内部以建设性方式解决问题，而非通过施加压力。

强调团队合作：强调团队合作的重要性，提倡通过内部沟通和协商寻求共同解决方案，而非通过对立的方式解决分歧。

建议寻求其他途径：建议同事寻求其他方式表达意见，如提议会议、反馈渠道或与管理层直接沟通，以更有效地传达他们的看法。

通过这样的回答，你向同事表达了自己的立场和原则，同时提供了建设性的建议，希望通过合作和沟通解决问题。这样的沟通方式有助于维护良好的工作关系，并且避免被拉入对立的队伍中。

做有分寸的领导者

即使身处最高职位，也会面临拒绝的挑战。对于那些乐于讨好的领导者来说，陷入说“是”的习惯可能会引发员工之间的冲突、客户关系问题以及生产力下降。有时，受压迫的老板会在未经充分考虑的情况下批准员工的请求，只是为了应付眼前的事情。同意那些实际上不应接受的请求会阻碍有效的领导。

过度的妥协会鼓励不当行为，并可能导致意外情况的发生。对于老板来说，保持一致的坚定态度通常比友好一段时间后变得苛刻更为有效。与那些能够预测上级反应的员工相比，那些面临不确定态度的员工承受的压力会更大。

总之，作为领导者，最好让每个人都明白“不”这个词的重要性。即使拒绝员工的请求，也要让他们知道你重视他们的工作。在任务分配和与公司或客户的关系方面，保持明确的态度至关重要。

场景分析：一位挑剔的同事对小李的混乱组织感到不满，请求你扮演调解者的角色。尽管这个请求会耗费你的时间，你并不希望成为同事们随意倾诉的对象，但你也理解他们的困扰。

提　　示：无意地介入别人之间的问题，也许会让事情变得更糟，并且作为领导，不能随时给员工施加压力，也会给自己带来不必要的负担。

员工把你当成倾听者，希望你能调节他和另一位同事的矛盾，可以尝试以下对话。

同事：领导，我对小李的组织方式感到非常不满，我觉得这种混乱影响了我们的工作效率，您有时间听我说一下吗？

你（作为领导）：我完全理解你的感受，但我建议我们可以通过团队会议或一对一讨论来讨论这个问题，以找到更好的解决方案。同时，我鼓励团队成员之间互相支持和合作，共同解决问题。

同事：但这个问题就在眼前，我觉得我们需要立即采取行动。

你：我理解你的紧迫感，但我相信通过团队合作和建设性沟通，我们可以更有效地解决问题。我希望你能尝试通过团队内部的渠道表达你的想法，这样我们可以集思广益，找到最佳的解决方案。

同事：好吧，我会考虑你的建议。谢谢你的理解。

你：谢谢你的配合。如果有任何需要我帮助的地方，请随时告诉我。我相信我们可以共同努力，解决困扰我们的问题。

通过这段对话，你成功表达了自己的立场和建议，同时强调了团队合作和有效沟通的重要性。这有助于保持团队内部的秩序和有效沟通，同时避免被卷入可能会让事情变得更糟的局面。

作为领导，如果你不希望成为同事们随意倾诉的对象，但又需要拒绝他们的请求，可以采取以下方法。

设立明确的沟通渠道：强调团队内部的沟通渠道，如定期的团队会议、一对一讨论或者设立反馈渠道，让同事知道他们可以通过这些渠道表达意见和解决问题。

鼓励团队合作：强调团队合作的重要性，并鼓励同事之间互相支持和解决问题，而不是依赖你个人的介入。

提供建设性反馈：在拒绝同事的请求时，提供建设性的反馈，指导他们如何更有效地解决问题或寻求帮助。

保持中立：强调作为领导需要保持中立，避免被拉入团队内部的纷争，同时鼓励团队成员之间建立更好的沟通和解决问题的机制。

通过这样的回答，你向同事表明了你的立场和期望，同时提供了建议和指导，帮助团队更有效地解决问题并保持团队的合作精神。这有助于确保团队内部的沟通是有序和有效的，同时避免被卷入可能会让事情变得更糟的局面。

场景分析：你的员工向你抱怨客户非常难缠，让他感到非常困惑，但他是唯一适合与该客户打交道的人选。临时更换人员可能会给客户传递错误的信息。

提　　示：除了确保员工完成任务外，还要指导他们解决问题。避免贬低客户，这可能会使员工失去动力。

员工向你抱怨客户，可以尝试以下对话。

员工：老板，我真的很困扰，这个客户实在太难缠了，我觉得我处理不了，能不能换一个人跟他对接？

你（作为领导）：我完全理解你的感受，但根据客户的需求和你在这方面的专业知识，你是唯一适合与该客户打交道的人选。我相信你有能力处理这个挑战，我会全力支持你。

员工：但是这个客户总是提出一些奇怪的要求，我感到非常沮丧。

你：我明白，面对难缠的客户确实会让人感到沮丧。但我相信通过我们的合作和支持，你可以找到解决方案。我们可以一起讨论如何更好地满足客户的需求，或者是否有其他团队成员可以提供帮助。

员工：好的，我会努力尝试解决这个问题的。

你：非常感谢你的配合。如果需要任何帮助或资源支持，请随时告诉我。团队合作是关键，我们可以一起应对这个挑战。

通过这段对话，你向员工传达了你的支持和信任，同时强调了团队合作的重要性。这有助于激励员工面对困难并努力解决问题，同时保持团队的凝聚力和合作精神。

面对员工抱怨客户难缠的情况，同时员工希望换一个人跟客户对接的请求，但实际上他是唯一适合与该客户打交道的人选，这是一个具有挑战性的局面。在这种情况下，你可以采取以下方法来拒绝员工的请求并给予建议。

倾听并理解：首先，倾听员工的抱怨，让他感受到你的理解和支持。让他有机会表达自己的困惑和挑战。

解释情况：清晰地解释为什么他是唯一适合与该客户打交道的人选，说明他的专业知识、经验或与客户的关系对于业务成功的重要性。

提供支持和资源：表达你的支持，并提供必要的资源来帮助员工更好地处理与客户的关系。可以提供培训、指导或其他支持措施。

制订解决方案：与员工一起制订解决方案，帮助他更好地应对客户的挑战。可以讨论如何改善沟通、处理困难情况的技巧或寻求其他团队成员的帮助。

强调团队合作：强调团队合作的重要性，鼓励员工与团队共同努力解决问题，而不是单独承担所有责任。

通过以上内容，你向员工传达了你的支持和信任，同时强调了团队合作的重要性，并提供了资源来帮助员工更好地处理与客户的关系。这有助于维持团队的合作精神，同时解决员工面临的困难。

场景分析：一位员工工作勤奋，但脾气较为暴躁，你不喜欢他在其他员工面前对你发脾气。这会让其他员工觉得可以当众对你大声抗议。过去，你曾试图通过掩盖问题或迎合他的要求来尽量解决问题，但一直这样会让自己失去作为领导该有的威信。

提　　示：在情绪失控的情况下，唯一的方法是保持冷静和镇定的领导风范，这样你的员工才会同意保持理性。

一位脾气暴躁的员工总是当众对你发脾气，可以尝试以下对话。

领导：小李，我们需要谈一下你在公共场合对我发脾气问题。我理解你工作勤奋，但这种行为对团队的氛围和合作关系造成了负面影响。

员工：领导，我知道我有时脾气暴躁，但我并没有意识到这会给您和团队带来困扰。对不起，我会注意改正。

领导：我欣赏你的工作态度，但我们必须保持专业和尊重。在公共场合发脾气不仅影响我们之间的关系，也会影响其他员工的看法。我希望你能控制情绪，避免这种行为发生。

员工：我明白了，我会努力改正这种行为，必要的时候多跟您沟通。对不起，让您感到不愉快。

领导：我希望所有团队成员都能相互尊重和合作。如果你需要任何帮助或支持，请随时告诉我。

员工：谢谢您的理解和支持，我会努力改进的。再次对我的行为表示抱歉。

这段对话强调了尊重、合作、理解和开放沟通的重要性，以促进团队的良好氛围和工作效率。

面对这种情况，处理员工脾气暴躁的问题至关重要，同时也需要确保团队的秩序和领导威信不受损害。以下是一些建议。

私下沟通：首先，安排私下时间与员工单独沟通，表达你对他工作勤奋的肯定，但同时指出他脾气暴躁的问题对整个团队造成了困扰。强调在职场中尊重和合作的重要性。

设定清晰边界：明确告诉员工，任何形式的大声抗议或发脾气都是不可接受的行为。强调团队成员应该以尊重和专业的方式相互交流。

提供支持：了解员工可能脾气暴躁的原因，是否有工作压力或其他问题导致这种行为。提供支持和资源，帮助他管理情绪和解决潜在问题。

制定行为准则：与团队一起制定明确的行为准则和沟通规范，确保每个人都明白在工作场所应该如何相互尊重和合作。

示范行为：作为领导者，通过自己的行为树立榜样，展现出冷静和专业的态度，以此影响团队成员的行为。

培训和发展：提供培训和发展机会，帮助员工提升情绪管理和沟通技巧，以改善他们的工作表现和团队合作能力。

采取必要措施：如果员工持续表现出不尊重和不合作的行为，并且改进不明显，可能需要考虑采取更严厉的措施，如警告或其他纪律措施。

总的来说，重要的是要坚定地维护团队的秩序和领导威信，同时也要关心员工的情绪和发展，努力寻求解决问题的方式，以确保团队的和谐和效率。

情境分析：你的员工正处于困难时期。最近，他的孩子接受了一次昂贵的手术，他购买了一栋房子，而他的妻子也失业了，你了解到他正面临经济压力。但是对于他想提前支取一部分的工资的想法，对公司的规章制度提出了巨大的挑战。

提　　示：提前支付员工工资可能会引起各方面的质疑。你可以考虑从工会的角度去帮助他，这样就不会影响公司运营。

员工正面临各种困难，想要从公司提前支取部分工资，可以尝试以下对话。

领导：我注意到最近你面临了一些困难，我很关心你。我听说你的孩子接受了昂贵的手术，购买了新房子，而你的妻子也失业了。这一切肯定给你带来了很大的经济压力。

员工：是的，确实是这样。我很感谢您关心我的情况。因此，我想提前支取一部分工资，以帮助我度过这个困难时期。

领导：我完全理解你的请求，但根据公司的规章制度，提前支取工资可能会对我们的薪资管理和财务稳定造成影响。我们需要遵守这些规定，以确保公司的运作顺利。

员工：我明白了，我也尊重公司的规章制度。但是我现在真的遇到一些困难，也希望公司能给我一些帮助，请您帮帮忙。

领导：我建议你与我们的工会组织或者人力资源部门沟通，看看是否有其他形式的支持可以提供给你。我们也可以掏出员工福利计划或者灵活的工作安排来帮助你渡过难关。公司愿意支持你，让我们一起想办法来解决眼前的困难。

员工：非常感谢您的理解和建议。我立即与工会或者人力资源部门联系，看看是否有其他途径可以帮助我渡过这个困难时期。再次感谢您的支持。

领导：没问题，我们是一个团队，我们会一起渡过困难。如果需要任何帮助或支持，请随时告诉我。我们会共同努力，让你度过这个困难时期。

通过这段对话，领导婉转地拒绝了员工提前支取工资的请求，同时表达了对员工的理解、支持和鼓励，帮助员工寻找其他解决方案。

在这种情况下，作为领导，需要在关心员工的同时也要考虑公司的规章制度和整体利益。以下是一种婉转拒绝员工提前支取工资的建议。

表达理解和关心：首先，表达对员工所面临困难的理解和关心，让他知道你关心他的处境。

强调规章制度：说明公司的规章制度是为了确保公平和合理性而设立的，提前支取工资可能会对公司的薪资管理和财务稳定造成影响。

提供其他支持方式：建议员工寻求其他形式的支持，例如公司可能提供的帮助、员工福利计划或灵活的工作安排等。

鼓励沟通：鼓励员工与人力资源部门或其他相关部门沟通，看看是否有其他可行的解决方案，以帮助他应对目前的经济困难。

提供支持和鼓励：尽管无法提前支取工资，但可以表达对员工的支持和鼓励，让他知道公司愿意帮助他度过困难时期。

通过以上方式，可以婉转地拒绝员工提前支取工资的请求，同时展现出对员工的关心和支持，帮助他寻找其他解决方案应对困难。

场景分析：这位客户一直以来都表现得很强硬，经常让你和团队感到压力山大。在面对这样的情况时，需要认真思考是否愿意继续忍受这种处境。或许花些时间寻找合作更愉快、要求更合理的客户会更有益。这样的转变可能会让整个团队运转更加顺畅。

提　示：威胁和恐吓只会增加压力，需要慎重考虑是否值得继续与这样的客户合作。在考虑结束合作之前，务必评估潜在的财务损失，制订替代方案，并确保所有相关人员都参与决策过程。

面对一个态度一直以来都很强硬，总是让团队感到压力的的客户，可以尝试和员工及团队进行以下对话。

员工：领导，我想和您谈一下我们最近与某个客户的合作情况。我觉得我们团队在处理这位客户的需求时感到很大的压力，他经常提出一些过于苛刻的要求，让我们很难满足。

领导：谢谢你和我分享这个情况。我理解这种困难客户可能会对团队造成压力。你有什么具体的例子可以分享吗？

员工：是的，比如最近他提出了一个很紧迫的项目要求，要求我们在非常短的时间内完成，这让整个团队都感到非常紧张。我觉得我们需要考虑是否值得继续忍受这种情况，或者是否应该寻找合作更愉快、要求更合理的客户。

领导：我完全理解你的担忧。团队的健康和工作环境对我们的业务至关重要。我会和你一起考虑如何处理这种情况。在面对这种强势客户时，我们需要保持专业，同时也要保护团队的利益。我建议我们先尝试和客户沟通，明确我们的团队能力，看看是否可以达成更合理的合作方式。

员工：谢谢您的理解和支持。我会和团队一起努力，同时也会尝试和客户进行开放和诚实的沟通。如果情况没有改善，我会再与您商讨进一步的措施。

领导：非常好，我们是一个团队，我支持你们寻找最佳解决方案。无论发生什么，开放的沟通和合作是我们共同前进的关键。感谢你提出这个问题，让我们一起努力创造更好的工作环境。

通过这段对话，领导表达了对员工团队的支持和理解，鼓励员工与团队共同寻找解决方案，同时强调了开放沟通和合作的重要性。

面对强势的客户，拒绝需要谨慎处理，以保持专业和礼貌。以下是一些建议。

保持冷静和专业：在与强势客户交流时，保持冷静和专业是非常重要的。不要被情绪左右，始终保持礼貌和尊重。

明确表达立场：在拒绝客户时，要明确表达你的立场和理由。说明你的团队也有自己的限制和需求，无法满足客户的要求。

提供替代方案：尽量提供替代方案或建议，以显示你的诚意和愿意合作。虽然无法满足客户的要求，但可以提供其他方式来解决问题。

强调合作关系：强调你重视与客户的合作关系，但同时需要保持双方的利益平衡。表达希望能够找到共同受益的解决方案。

寻找更合适的客户：如果这位客户一直让团队感到压力山大，可能需要考虑是否值得继续与其合作。寻找合作更愉快、要求更合理的客户可能更有益于团队的运作和发展。

寻求领导支持：如果拒绝客户可能会带来风险或影响业务，建议与领导或团队共同商讨，以确保一致的决策和行动。

总的来说，拒绝强势客户需要谨慎处理，保持专业和礼貌，并尝试寻找解决方案以维护合作关系。如果情况持续恶化，考虑寻找更合适的合作伙伴也是一个值得考虑的选择。

平衡自己的工作圈

不论您是老板、刚入职的职场新人还是介于两者之间的人士，与同事在办公室之外进行互动都会面临挑战。在社交媒体上接受同事的好友请求是基本礼貌，但这也使得区分真正的朋友和同事变得更加困难。

如果您和大多数人一样，对于同事之间的界限也存在微妙的认知，一些同事可以在下班后成为朋友，而另一些则是您不太愿意在下班后过多接触的人。除非您的决定会影响您的地位，否则您可能更倾向于与那些在工作和社交中都有双重身份的同事和朋友共度时光。

表面上看来愉快的邀请对您来说可能是一种重大干扰。例如，如果您和某位同事关系友好，那么参加她的婚礼会让您感到愉快；但如果这位同事和您关系普通，那么婚礼可能会成为一种昂贵的烦恼，而且会占用您一个周末的时间。当您清楚地认识到哪些人私下也是您的朋友，哪些只是您在商业上的伙伴时，决定是否将工作和社交生活混在一起就不那么复杂了。

通过明确以下两个标准来界定您的工作圈，并考虑清楚您在道德问题上的立场：您知道自己想要什么、愿意做什么、和谁在一起，这样您就不太可能陷入未经考虑的尴尬境地了。

场景分析： 共享通勤有其优势：在交通拥堵时有个伴可以减轻压力，可以重新规划一天的安排，或讨论工作相关事项，同时还能节省汽油费用。然而，要考虑到个人情况：如果对方稍微迟到会让你感到焦虑；如果你想提前离开或照顾孩子，或者想比对方晚一点下班；如果前一天晚上外出，就无法提前确定时间；你可能更喜欢听有声读物或新闻，而不是讨论办公室事务。

提　　示： 如果你觉得自己的灵活性会受到限制，或者对方在最后一刻改变计划会让你感到沮丧，那么最好还是自己开车前往。

同事非常好心地提出可以带你上下班，但是你不想因此失去自己支配时间的自由，可以尝试以下对话。

你： 嗨，谢谢你提出每天一起搭顺风车的建议，我真的很感激你的好意。

同事： 不客气，我觉得我们一起上下班会更方便，也可以互相照应。

你： 我完全理解，但我希望保持一些灵活的时间安排，这样我可以更好地处理一些个人事务或享受一些独处时间。

同事： 明白了，没有问题。也许我们可以偶尔一起搭车，或者在其他时间一起共享一些活动。

你： 太好了，谢谢你的理解。希望你能明白，这并不是因为不愿意和你一起上下班，而是出于个人时间安排的考虑。

同事： 当然，我完全理解。我们可以灵活安排，保持良好的沟通和友好的关系就好。

通过这段对话，你可以委婉地拒绝同事的提议，同时表达了感激之情，并提出了其他方式来保持联系，保持了良好的人际关系。

当面对这种友好的提议时，你可以用以下方式婉转地拒绝。

感谢和肯定：首先要表达对同事的好意和关心表示感谢，并肯定这个提议。

解释个人需求：说明你希望保持一些灵活的时间安排，以便处理个人事务或享受一些独处时间。强调这对你的生活和工作平衡很重要。

提出替代方案：如果有可能，可以提出其他方式来表达感激，比如偶尔一起搭车或者共享其他活动的时间，以保持友好的关系。

委婉拒绝：最后，以委婉的方式拒绝这个提议，强调这并不是因为不愿意和同事一起上下班，而是出于个人时间安排的考虑。

通过这种方式，你既表达了感激和理解，又婉转地拒绝了同事的提议，同时保持了良好的人际关系。

场景分析：你的新同事很友善，你们之间的相处也一切顺利。尽管她还没有参加过部门的首次会议，但她已经在各种社交平台上请求添加你为好友。由于之前有些同事关系进展得太快，你试图保持一定距离，但他们却感到受到了冒犯。

提　　示：在你确定如何界定这段关系之前，对新同事保持一定程度的谨慎是理智的做法。

新同事一入职就很活跃，想要在各种社交平台添加你的好友，可以尝试以下对话。

你：嗨，谢谢你添加好友的请求，你是一个很善于交流和友善的人。

新同事：是的，我觉得我们可以在社交平台上保持联系。

你：非常感谢你。但是在工作环境中，我更倾向于保持一定的专业距离，以确保工作关系和个人关系之间的界限清晰。

新同事：明白了，我完全理解。我希望没有让你感到不舒服。

你：不不，完全没有，我真的很感激你的理解。也许我们可以在工作相关的社交平台上保持联系，或者在工作场合互动。

新同事：好的，那就这样吧。谢谢你的诚实回复。

通过这段对话，你委婉地表达了保持一定距离的愿望，同时也提出了其他方式保持联系的建议，保持了专业和友好的沟通。

当面对这种情况时，你可以使用以下方式婉转地拒绝。

感谢和肯定：首先要表达对新同事的友好和理解，感谢她的请求并肯定她的友善。

保持专业：强调你在工作环境中更倾向于保持一定的专业距离，以确保工作关系和个人关系之间的界限清晰。

解释个人偏好：说明你有保持一定距离的偏好，这并不代表你不喜欢她，而是出于对工作和个人空间的考虑。

提供其他方式保持联系：如果愿意，可以提供其他方式保持联系，比如在工作相关的社交平台上添加，或者在工作场合互动。

通过这种方式，你可以委婉地拒绝同事的好意，同时保持了专业和友好的态度，有助于维持良好的工作关系。

场景分析：一位愤怒的同事在休息室激动地向你抱怨："我得摆脱这个包袱，李明真是个笨蛋。我已经如此详细地指导他，结果他还是把事情搞砸了。"你的同事不想直接对李明发火，而是选择向你倾诉并寻求建议来释放情绪。

提　　示：不要因为他向你倾诉而感到特别受宠若惊，即使这可能是他信任你洞察力或忠诚的表现。让他摆脱内心的包袱可能会使你与这位紧密合作的同事之间产生负面观感。保持远离办公室戏剧是很重要的原则。

一位愤怒的同事在休息室激动地向你抱怨，可以尝试以下对话安抚对方的情绪。

你：我听到你的困扰，听起来确实让人不安。我理解你的感受，但我也想提醒你，我们有时候都会遇到这种挑战。

愤怒的同事：是的，我真的很生气，觉得很挫败。

你：我完全理解。或许你可以冷静下来，想想如何更好地处理这种情况。如果你觉得需要进一步的支持或解决方案，也许可以考虑向领导或人力部门寻求帮助，让他们协调一下。

愤怒的同事：嗯，也许我需要冷静一下，然后再考虑下一步该怎么做。

你：没错，冷静思考总是有助于找到更好的解决方案。如果你需要任何帮助或支持，我随时都在这里。同时，如果情况需要，向领导或人力部门寻求协调也是一个不错的选择。

通过这段对话，你表达了理解和支持，同时提出了中立的建议，鼓励同事冷静思考并寻求必要的帮助。你的中立立场和建议有助于维持良好的工作氛围和人际关系。

在这种情况下，你可以采取以下方式来处理愤怒的同事的抱怨，同时不介入他们之间的问题。

倾听和理解：首先要倾听同事的抱怨，表现出理解和同情。让他感受到你在乎他的感受，并愿意倾听他的情绪。

不做评判：避免对涉及的人或事进行评判或表态。保持中立，不要加入或支持他的抱怨内容。

提供支持和安慰：表达同情和支持，可以使用一些安慰性的话语，让他知道他的感受被理解和认可。

引导他寻求解决方案：鼓励他冷静下来，思考如何可以处理这种情况，或者提供一些建议，但不要涉及具体的人或事件。

通过这种方式，你既表达了对同事的支持和理解，又避免了直接介入他们之间的问题，让同事感受到你的关心和鼓励。

场景分析：你接到微信上的通知："邀请你加入'三楼会计团队！'"你对于有选择地与一些同事成为微信好友并不介意，但加入更大的群体可能会带来更多的好友请求，而你可能并不想在办公室之外与这些人交流。

提　　示：加入办公室的微信群，很有可能进入了一个"八卦"团队。

一位同事想要把你拉进一个微信群，群里有一些不太熟但是工作性质相同的同事，可以尝试以下对话婉拒。

你：嗨，谢谢你邀请我加入"三楼会计团队！"群聊，我对你们的团队活动很感兴趣。

同事：太好了，我们很期待你加入我们的群！

你：我想表达一下，我通常会选择性地添加微信好友，并且更喜欢保持较小的社交圈子，这样更便于管理我的通讯录。因此，我可能会在这个群聊方面犹豫一下。

同事：哦，我完全理解。如果有重要信息或讨论，我们可以在办公室内进行交流，或者通过私聊方式沟通。

你：对的，我觉得在办公室内交流或者通过私聊方式沟通会更有效率。希望你能理解我的想法，谢谢！

同事：当然，我完全理解你的想法。没问题，我们可以通过其他方式保持联系。感谢你的诚实回复！

通过这段对话，你委婉地拒绝了加入群聊，并提出了在办公室内或私聊方式沟通的替代方案。同事也表现出理解和尊重，维持了良好的工作关系。

当面对这种情况时，你可以使用以下方式委婉地拒绝加入群聊。

感谢邀请：首先要表示感谢对方的邀请，表现出你对他们的好意和关注。

表达个人需求：说明你在微信上选择性地添加好友，并且希望保持较小的社交圈子，以便更好地管理自己的通讯。

委婉拒绝：委婉地表达你对加入大型群聊的犹豫，提到你可能更喜欢保持私人空间和与同事面对面交流。

提供替代方式：如果你愿意与这些同事保持联系，可以提议在办公室内进行讨论或者建议其他更私密的沟通方式，如私聊。

保持友好：最后要保持友好和尊重，强调你的拒绝并不是针对他们个人，而是出于个人偏好和隐私考虑。

通过这样的回复，你可以委婉地拒绝加入群聊，同时保持了与同事的良好关系。

尊重自己的意愿

无论是在工作场所还是在日常生活中，总会有人紧张地向你提出各种问题。每个曾经工作过的人都会碰到那种总是让事情变得更加复杂的人。这样的人可能是你的上司、同事，甚至是一位强势的客户，他们会独断地要求你按照他们的意愿行事。

在工作环境中，许多这类问题都源自于你的主管或领导，这是因为他们拥有权力。有些人认为工作就是他们的全部，他们的存在就等同于办公室或工作。当一个人的生活围绕着工作和成功转动时，他们的要求可能会变得极不合理。

棘手的同事会无视你的感受，不断地挑战你的底线。让别人替他们做事，或者利用他们的权力来获取他们想要的东西，对他们来说是家常便饭。你可以改变这种情况：通过明确表达你的需求来寻求替代方案。使用诸如“或许”或“抱歉”等表达不确定性的词语来委婉地拒绝。他们可能会对你的回应表示怀疑，并试图利用自己的权力来验证你的回答。

场景剖析：“我得早点离开，如果老板问起，你能不能帮我编个理由说我身体不舒服？”你的同事看起来很健康，他请求你撒谎，但也许不会为你做同样的事。拒绝的话，可能会影响彼此关系。

提　　示：坚守原则，不要为了帮助他人而放弃。

想要你编造谎话欺骗老板的同事，可以尝试以下对话婉拒对方。

同事：嘿，我得早点离开，如果老板问起，你能不能帮我编个理由说我身体不舒服？

你：我理解你的处境，但我个人不太愿意帮别人编造虚假理由。诚实对我来说很重要，我觉得直接沟通可能是更好的选择。

同事：哦，那我要怎么做？

你：也许你可以考虑直接与老板沟通，说明情况，或者寻找其他解决问题的方法。我会尽力支持你，只是在这个问题上我无法提供帮助。希望你能理解我的立场。

同事：谢谢你的诚实回复，我会考虑其他解决方案的。感谢你的理解。

通过这段对话，你委婉地拒绝了帮助同事编造虚假理由，同时提供了建议和支持。同事也表现出理解和尊重，维持了良好的工作关系。

在这种情况下，你可以委婉地拒绝帮助同事编造一个虚假的理由。以下是一些建议。

坦诚回答：在这种情况下，诚实是最好的策略。你可以直接表达你不愿意撒谎，因为这会违背你的价值观和道德准则。

提供支持：虽然你不能帮助编造虚假理由，但你可以提供其他形式的支持。例如，可以建议他直接与老板沟通并说明情况，或者提供其他解决问题的建议。

保持尊重：在拒绝时，要保持尊重和理解。表达你对他的请求的理解，但同时强调你无法帮助他编造虚假理由。

提醒后果：如果同事坚持要求你帮助编造虚假理由，可以提醒他这种行为可能会带来负面后果，包括失去信任和信誉受损。

通过以上内容，你可以委婉地拒绝帮助同事编造虚假理由，同时保持了对他的支持和理解。这样的回应有助于维持良好的工作关系。

场景剖析：“能否帮我联系一下这位客户？他有些难缠。也许你和他交流，他就不会像平常那样提出一大堆问题。”同事遇到难缠的客户来寻求你的帮助，但是帮助他后，如果成功那皆大欢喜，如果失败，这就说不清了。可以给他提供一些不会牵涉到你的选择。

提　　示：提供看似合理的选择，表达拒绝的意愿，可以让你避免这种没有好处的情况，同时也避免直接说出“你在开玩笑吗？为什么你认为我会替你处理那些让你感到不愉快的部分呢？”这样的话语。

同事请你帮他联系一位难缠的客户，可以尝试以下对话婉拒。

同事：嘿，你能否帮我联系一下这位客户？他有些难缠。也许你和他交流，他就不会像平常那样提出一大堆问题。

你：嗨，我完全理解你遇到的困难。处理难缠客户的确是个挑战。我想建议你尝试先通过客户服务团队或主管寻求支持，他们可能有更多经验处理这种情况。我可以分享一些技巧和建议，帮助你更好地应对类似情况。

同事：哦，好的，谢谢你的理解和建议。我会考虑寻求其他资源的支持。

你：没问题，团队合作很重要，我们可以一起探讨如何最好地处理这个问题。如果需要任何帮助或建议，我随时都在这里。

通过这段对话，你委婉地拒绝了直接介入处理难缠客户的请求，同时提供了支持和建议帮助同事更好地处理这种情况。同事也表现出理解和接受，维持了良好的工作关系。

在这种情况下，如果你不想介入处理难缠客户的情况，可以委婉地拒绝同事的请求。以下是一些建议。

建议提供支持和指导：你可以建议同事寻求其他资源或部门的支持，比如客户服务团队或主管。提供他们可能用来处理难缠客户的资源和建议。

鼓励同事发展解决问题的能力：鼓励同事积极面对挑战并学会处理困难客户。提供一些建议或技巧，帮助他们更好地应对类似情况。

表达理解和支持：表达理解同事的处境，并表示愿意在其他方面提供支持，但同时强调你不愿直接介入处理这位难缠客户的交流。

强调团队合作：强调团队合作的重要性，鼓励同事寻求团队其他成员的帮助和支持，共同应对难缠客户的问题。

通过这样的回复，你可以委婉地拒绝直接介入处理难缠客户的请求，同时提供支持和建议帮助同事更好地处理这种情况。这种方式有助于维持良好的工作关系，并鼓励同事独立解决问题。

场景分析：“你能代我去报告下周的会议吗？我会记得这个人情的。”有时候，像朋友一样的同事也会做出一些空洞的承诺，超越了实际能力。在这种情况下，弄清楚对方的承诺是否可信是至关重要的。

提　　示：在事情发生之前就要测试对方的承诺，而不是等到事后。如果你无法兑现交换条件，就要学会说“不”。

同事想要你代他去参加会议并进行报告演讲，对这种“无理”的要求，可以尝试以下对话。

同事：嘿，你能代我去报告下周的会议吗？我会记得这个人情的。

你：感谢你对我的信任，但实际上我这段时间的工作安排已经非常紧张，无法代替你去参加会议，更何况报告演讲这种事，更应该本人亲自参加。但是如果你能代替我去参加下周的调研并写一份调研报告，我也许就能有时间帮你去报告了。

同事：哦，那我该怎么办呢？

你：我可以给你提供一些建议和支持。或者，我们可以一起讨论如何更好地准备和呈现报告，对于演讲这种事，也是有很多可以给你传授的小技巧的，这样你就能更自信地完成任务了。

同事：好的，谢谢你的理解和建议。我会考虑一下。

通过这段对话，你委婉地拒绝了同事的请求，同时提供了支持和建议，鼓励他发展自己的能力。这种方式有助于维持良好的工作关系，并促进团队合作。

当朋友般的同事请求你代他去报告下周的会议，并承诺会记得这个“人情”时，如果你无法或不愿意接受这个请求，可以委婉地拒绝。以下是一些建议。

坦诚回应：表达感激他的信任，但坦诚地说明你当前的工作负荷或其他原因无法代替他去报告会议。

提供替代方案：如果可能的话，提供其他解决方案，比如帮助他准备报告，提供反馈意见，或是指导他如何准备报告。

保持友好态度：拒绝请求时保持友好和尊重的态度，避免伤害对方的感情。

强调团队合作：强调团队合作的重要性，鼓励他们发展自己的能力并相互支持。

通过这样的回复，你可以委婉地拒绝同事的请求，同时提供支持和鼓励，促使他们发展自己的能力并寻求其他方式解决问题。这种方式有助于维持良好的工作关系，并促进团队合作。

场景分析：“我在报告中加入了我的名字，你不会介意吧？”同事帮忙整理了松散的内容，检查了标点符号，然后复印了报告。虽然她提供了一些有用的内容，但在五十个点子中的一个并不值得获得完整的认可。她有些过于自信，夸大了她的贡献。

提　　示：如果你的辛勤工作是这份报告的主要特色，请不要让那些不值得赞扬的人削弱你的努力或者窃取荣耀。

一位在你的报告中帮了些忙的同事，想要署上她的名字，可以尝试以下对话。

你：我看了一下报告，感谢你整理内容、检查标点符号和复印报告。不过，要是在报告中加入你的名字，那对其他成员就会极其不公平了。我觉得团队合作应该平等地体现每个人的努力和贡献，这样我们才能真正取得成功。

同事：哦，抱歉，我没想到这会让你感到不舒服。我只是觉得我提供的内容可能有些帮助，所以想在报告中表明一下。

你：我理解你的想法，你的帮助确实对报告有益。不过，我们团队的文化强调公平和合作，每个人的贡献都同样重要。希望我们可以在未来的合作中有更紧密的合作，共同努力实现我们的目标。再次感谢你这次的帮忙，我会去跟领导提出给你增加一些额外的劳动补助。

同事：谢谢你的反馈，我会注意这点的。我重视我们团队的价值观，也会更加谨慎处理类似情况。

通过这段对话，你委婉地表达了你的看法，强调了团队合作的重要性，并鼓励同事更加关注团队的价值观和公平性。这种沟通方式有助于维护良好的工作关系，并促进团队的协作和发展。

当同事在报告中加入了她的名字并夸大了她的贡献时，你可以委婉地表达你的看法并拒绝她的请求。以下是一些建议。

感谢她的帮助：首先，感谢她整理内容、检查标点符号和复印报告，肯定她的努力和贡献。

明确表达观点：坦诚地指出你对报告中加入她的名字和夸大她的贡献感到不舒服，强调团队合作应该平等地体现每个人的贡献。

提供建议：建议她在未来的合作中更加谨慎地处理类似情况，强调合作的重要性和团队成员之间的公平性。

强调团队价值观：强调团队的价值观，即尊重每个人的贡献和诚实合作，以促进团队的发展和成功。

通过这样的回复，你可以委婉地表达你的观点，拒绝同事的请求，并强调团队合作的重要性和公平性。这有助于维护良好的工作关系，并促进团队的协作和发展。

场景分析："全职员工不得在公司外从事额外工作。"你明白老板的意图是让员工集中精力，但如果放弃自己的副业，那收入将会大大减少。

提　　示：只要副业不与公司利益冲突或直接竞争，并且不在工作时间进行，通常不会引起混乱。尝试说服老板，你的副业对你来说是必要的。

在工作之外，你做了一个收入还不错的副业，面对老板的询问，可以尝试以下对话。

员工：嗨，我想和您谈一下关于公司政策不允许全职员工在外从事额外工作的事情。我完全理解公司希望员工能够集中精力在工作上，但我希望能够表达一下副业对我个人的重要性。

老板：嗯，我听你说。

员工：我的副业不仅是我热爱的领域，也是我个人发展和经济上的支持。我会尊重公司政策，确保副业不会干扰到我的工作表现，并且我相信从副业中学到的技能和经验可以对公司工作产生积极影响。

老板：我理解你的想法，副业对你确实很重要。我们公司的政策是为了确保员工能够全力以赴地投入工作，但我也希望能够理解员工的个人需求和情况。你有什么具体的建议吗？

员工：我想提出一些解决方案，比如调整副业时间以确保不会干扰到工作时间，或者我可以展示如何能够兼顾两者并保持高效率。我希望能够请求一些灵活性，以便在不违反公司政策的前提下继续从事副业。

老板：好的，我会考虑你提出的建议。我们可以进一步讨论如何找到一个平衡点，以满足你的个人需求同时确保工作效率和质量不受影响。感谢你与我分享你的想法。

通过这段对话，员工表达了副业对他的重要性，尊重了公司政策并提出了解决方案，同时老板也展现了理解和愿意寻找共同解决方案的态度。这种沟通方式有助于建立积极的沟通氛围，促进双方之间的理解和合作。

在与老板沟通时，表达副业对你的重要性并且尊重公司政策是非常关键的。以下是一些建议。

准备好理由：在与老板沟通之前，确保你清楚明白为什么副业对你很重要。准备好能够说明副业对你个人发展和经济状况的理由。

尊重公司政策：表明你理解公司政策的初衷，即让员工集中精力。强调你尊重公司规定，并且会确保副业不会影响到你在公司的工作表现。

提出解决方案：考虑提出一些解决方案，例如调整副业时间以确保不会干扰到工作时间，或者展示如何能够兼顾两者并保持高效率。

强调价值：说明副业对你的重要性，以及从中获得的技能和经验可以对公司工作产生积极影响。

请求灵活性：向老板提出请求，看是否可以就个人情况进行特别考虑，寻求一种既能兼顾副业又能保持工作表现的平衡。

通过这种方式，你能够坦诚地表达自己的想法，同时尊重公司政策并寻求一种平衡的解决方案。这种沟通方式有助于展示你的诚实和务实态度，同时也为你的副业提供了一种可能的合理性。

场景分析：“请将财务文件中的数字发送给我。”你处理敏感的文件都是机密数据。你必须坚守自己的职业道德，不应透露任何细节，尤其不应透露给以前的同事。

提　　示：维护您在公司中的职位。泄露机密信息不太可能会带来“潜在”的好处。

面对同事找你询问一些机密文件的数据时，可以尝试以下对话。

同事：你能不能把财务文件中的数字发送给我？我需要一些数据来帮助我完成这个项目。

你：很抱歉，根据公司的政策和职业道德准则，我无法透露财务文件中的数据。这些信息属于机密数据，保护数据安全对我们非常重要。

同事：哦，我完全理解。但这些数据对我的项目至关重要，你能不能帮我一下？

你：如果你需要帮助，我建议你直接联系负责财务的部门或相关负责人，他们可能能够提供更多帮助。我希望你能理解我的立场。

同事：好的，我明白了。谢谢你的回复，我会尝试找其他途径解决这个问题。

通过这段对话，你坚守了职业道德，拒绝透露敏感信息的请求，并向同事提供了替代方案。这种沟通方式既保护了机密信息，也保持了与同事之间的良好关系。

在处理这种情况时，保护机密数据和遵守职业道德是至关重要的。以下是一些建议，可以帮助你拒绝同事的请求而不透露敏感信息。

明确表达拒绝：直接而坚定地表达你无法透露机密数据的立场。例如，“很抱歉，根据公司政策和职业道德准则，我不能透露财务文件中的数据。”

提供替代方案：如果可能的话，可以提供其他方式帮助同事解决问题，而不涉及透露敏感信息。例如，建议他们向负责财务的部门或者相关负责人寻求帮助。

强调保密性：强调数据的保密性和重要性，以及透露这些信息可能带来的风险。让同事明白你的拒绝是出于对数据安全的考虑。

提醒公司政策：如果公司有明确的政策规定不得透露机密信息，可以提醒同事这一点，并说明你必须遵守公司政策。

保持专业：在拒绝请求时要保持专业和礼貌，避免引起不必要的冲突或误解。

通过这种方式，你能够坚守职业道德，保护机密数据的安全性，同时也向同事传达你的专业立场。这种拒绝方式既保护了机密信息，又保持了与同事之间的良好关系。

场景分析：自从你加入这个组织以来，阿琳一直在为接替你的工作做准备。她利用你怀孕这一事实向人力资源部门的领导抱怨，这种行为令人恼火。更让你困惑的是，老板在没有咨询你的情况下就屈服了。

提　　示：老板可能没有意识到阿琳的动机。要记住，更理性和更聪明的员工通常会脱颖而出。

同事在你面临休产假时，想要乘虚而入，可以尝试以下对话。

阿琳：嘿，你看看你快要休产假了，手上还有这么多工作没有处理完，有什么可以交给我帮你管理的吗？

你：嗯，阿琳，我真的很感激你的热心和愿意帮助。不过，我已经有了休产假期间的工作安排和项目管理计划，不需要额外的接替或干预。

阿琳：但是我真的想帮助你，我可以帮你处理好的，让你在产假期间也能安心休息。

你：我真的很感激你的提议和愿意帮助，但我已经有了自己的安排。我希望你能理解我的立场，同时也感谢你的支持和理解。

通过这段对话，你坚定地表达了自己的想法，同时也保持了与阿琳之间的良好关系。这种沟通方式能够避免不必要的误解和冲突，同时确保你的个人空间和工作计划得到尊重。

在这种情况下，拒绝同事阿琳的请求需要谨慎处理，以避免造成尴尬或不必要的冲突。以下是一些建议，可以帮助你拒绝阿琳的请求。

明确表达你的立场：直接而坚定地表达你的想法，说明你的产假期间工作安排已经有了计划，不需要额外的接替或干预。

强调个人需求：强调你的个人需要和计划，包括休产假期间的工作安排和项目管理方式，让阿琳明白你已经有了自己的安排。

感谢她的热心：感谢阿琳的热心和帮助，但同时明确指出你的工作安排已经有规划，不需要额外的干预。

提醒她尊重个人空间：提醒阿琳尊重你的个人空间和工作计划，确保她了解你的决定是基于个人需要和职业安排而做出的。

与老板沟通：如果有必要，可以与老板沟通，说明你的工作安排和项目管理方式，以确保他了解你的立场。

通过这种方式，你能够坚定地表达你的想法，同时保持与同事之间的良好关系。这种沟通方式可以避免不必要的误解和冲突，同时确保你的个人空间和工作计划得到尊重。